AF314260

INSTRUCTION CHRESTIENNE,

Touchant les spectacles publics

Des Comœdies & Tragœdies : où est decidée la question, s'ilz doibvent estre permis par le Magistrat, & si les enfans de Dieu y peuvent assister en bonne conscience ?

Avec le jugement de l'Antiquité sur le mesme subject.

PAR

ANDRE' RIVET,

Docteur & Professeur en THEOLOGIE.

A LA HAYE,

Par THEODORE MAIRE,

CIƆ IƆC XXXIX.

AV LECTEVR
CHRESTIEN.

IL y a environ huict ans, qu'expliquant en leçons publiques, en l'Academie de Leyden, le xx Chapitre du livre de l'Exode, auquel sont contenus les dix Commandemens de la loy Morale; & remarquant sur un chacun d'eux, tant les vertus commandées, que les vices defendus; comme je traictoy en son ordre, du troisiesme commandement de la seconde table, où Dieu defend toute impureté & souilleure de la

chair,

chair, & tout ce qui y peut in-
duire ; & par le contraire, recommande la chasteté & pudicité, & tout ce qui l'entre-
tient : je me trouvay obligé à
parler des jeux & spectacles
publics, esquels jadis ont esté
representées diverses passions
vicieuses, & notamment celles
de l'amour & de la vengeance,
és Comœdies & Tragœdies; &
examiner sur cela les raisons de
ceux qui les condamnent, & les
defences de ceux qui s'y plaisent : reprennant le tout de plus
haut, & m'arrestant aussi sur
ce qui continuoit en nostre
temps : ayant eu lors pour but
princi-

principal, d'en instruire &
informer les jeunes hommes,
qui se preparoient au service de
Dieu, en son Eglise. Depuis,
m'estant trouvé en un lieu,
auquel cette pratique s'est mise
en vogue, & les Comœdiens
invitéz & attiréz pour l'entretenir, je n'ay peu, selon la
charge qu'il a pleu à Dieu me
donner en sa maison, aissimuler
mõ desadveu d'un exercice improuvé de tout temps entre les
Chrestiens : en quoy j'ay esté
prevenu ou secondé par autant
de serviteurs de Dieu, qu'il y en
a icy pour administrer sa parole à son peuple. Or ayant ap-

3

pris

pris, que plusieurs prennent à
cœur la cause de ceux desquels
nous blasmons justement le
mestier, & qu'ilz trouvent des
Advocats, où ils devroient estre
condamnéz sur l'etiquete du sac;
j'ay creu estre obligé de relire
ce que j'en avoy escrit cy devant en latin, & traicter la
mesme matiere en nostre langue, pour l'usage de ceux qui
m'entendront mieux parlant
ainsi. Ce que j'en fay n'est
pas en esperance de gagner rien
sur ceux qui en font leur gagne-
pain, ni beaucoup sur certains
esprits profanes qui ne font
conscience de rien; & lesquelz
s'en-

s'emportans en blasphemes
contre Dieu, & contre sa parole , s'abandonnent à toutes
dissolutions , & ont despoüillé
toute honte des hommes , &
toute crainte de Dieu. Mais
je sçay qu'il y a plusieurs personnes graves & honnestes ,
emportées par la coustume , ou
trop portées à la complaisance,
lesquelles toutesfois ne voudroient pas offenser Dieu de
gayeté de cœur; entre lesquelles
il y en a qui se sont laissées
persuader, qu'en ces choses il
y a peu ou point de mal , &
ainsi s'endorment par les charmes de ceux qui en disputent

                sans

sans parties oüies, ou sans con-
tendans qui leur respondent ;
& le plus souvent n'alleguent
que leur opinion , pour toute
raison. Et d'autant qu'on leur
persuade que ce n'est qu'une
rigueur de l'humeur chagrine
de ceux , qui ont en nos temps,
ou ceux de nos peres , travaillé
à la reformation des abus en
la doctrine & és mœurs, &
qui veulent abolir tous honnestes plaisirs: il est à propos
qu'ilz apprennent, s'ils ne le
sçavent, que tous ceux qui de
tous temps ont instruit les
peuples Chrestiens , touchant
les bonnes mœurs , ou qui les
ont

ont munis contre les vices, ont
condamné & detesté, ce qu'on
leur propose, non seulement
comme tolerable, mais aussi,
comme loüable & profitable.
Qu'entre les Payès mesmes, où
cette licence a cõmencé & ad-
vancé, il a fallu souvent reme-
dier par les loix aux desordres
qu'elle apportoit. Iusques là,
que Tibere, aprés que les Præ-
teurs eurent faict plusieurs
plaintes & en divers temps,
touchant l'impudence de
telles gens, sans y avoir rien
gagné ; finalement fut contrainct de proposer la chose au
Senat, & alors ils furent par

5

decret

decret bannis de toute l'Italie. *Quand Pompée edifia un Theatre fixe à Rome,* cela ne pleut pas aux sages Senateurs : Entre lesquels il y en avoit, qui se plaignoient que peu à peu les mœurs du païs *estoient abolies,*
* qu'elles estoient du tout renversées, par les façons lascives appellées d ailleurs: tellement que tout ce qui estoit corrompu, ou qui pouvoit corrompre, se voyoit

* *Tacitus Annal. lib. 4. Postremò Cæsar de immodestia histriorum rettulit. Pulsi tum histriones Italia.*

* *Funditus everti per accitam lasciviam. Idem Annal. lib. 14.*

voyoit en leur ville, la jeunesse degenerant par l'imitation des mœurs estrangeres, où l'oysiveté, & les exercices des sales amours s'exerçoient, à l'adveu du Prince & du Senat. I'espere que les *Magistrats Chrestiens seront esmeus d'une saincte jalousie, & ne voudront pas que les Payens se levent contr'eux en jugement : & que les fideles prendront mieux garde à leurs pas, & à la cõduite de leur vie, pour estre imitateurs de Dieu, comme chers enfans ; & ne se plaire plus à l'imitation de choses indecentes. Dieu leur face*

la

la grace d'apporter ici un esprit
de docilité & de discretion,
pour se servir utilement d'une
instruction, qui ne tend qu'à
leur edification & salut.

Ainsi soit-il.

INSTRUCTION
CHRESTIENNE,

Touchant les spectacles publics
des Comœdies & Tragedies;
si on les peut permettre, & y
assister en bonne conscience?

CHAPITRE I.

De la necessité de ceste instruction.

S I ceux qui font pro-
fession de cognoistre
Christ, & de croire
en luy, despendoient,
comme ils doibvent,
de ses enseignements ; & travail-

A loient

loient à se former peu à peu, sur le modele de la perfection qui s'est veuë en luy, durant les jours de sa chair ; afin que nous fussions ses imitateurs, selon les salutaires exemples qu'il nous a laissés : il ne seroit pas besoin de travailler à les destourner de plusieurs actions des enfans du siecle, auquel ils se disent avoir renoncé. Un seul mot de S. Pierre pourroit suffire à ceux qui ont a *esté delivréz de la vaine conversation qui leur avoit esté enseignée par leurs Peres : Cheminéz*, disoit-il, *en crainte, durant le temps de vostre séjour temporel :* y en adjoustant un autre de l'Apostre des Gentils, b *Et ne vous conforméz point à ce present siecle, mais soyéz transforméz par le renouvellement de vostre entendement, afin que vous espronviéz, quelle est la volonté de Dieu, bonne, plaisante & parfaicte.* Car puis que ceste *volonté de Dieu,* selon le mesme, *consiste* c *en nostre*
sancti-

a *1, Petr.* 1. *v.* 17. & 18.
b *Rom.* 12. *v.* 2. c *1. Thes.* 3. *v.* 4.

sanctification, & en ce que chacun de nous puisse posseder son vaisseau en sanctification & bonneur ; il ne seroit question, sinon de bien discerner ce qui tend à ceste sanctification, d'avec ce qui la destruit : & alors, comme d'une part, d ils penseroient à toutes les choses qui sont veritables, à toutes les choses qui sont venerables, à toutes les choses qui sont justes, à toutes les choses qui sont pures, à toutes les choses qui sont aimables, à toutes les choses qui sont de bonne renommée, s'il y a quelque vertu & quelque loüange : Aussi de l'autre part, s'abstiendroient ils e de toute chose vilaine, de paroles folles, & plaisanteries, qui sont choses qui ne sont pas bien-seantes. Ils penseroient f que le temps passé leur doibt avoir suffi, pour avoir accompli la volonté des Gentilz, quand ils conversoient en insolences, convoitises, yvronneries, & gourmandises, & ne courroient plus avec eux en mesme abandon de dissolution.

A 2   Mais

d Philip.4.vers.8.   e Ephes.5. v.4.
f 1.Petr.4. vers.3. vers.4.

Mais, comme la pluſpart ſont encore en partie enfans de ce ſiecle, il advient auſſi qu'ils ne s'en peuvent du tout eſchapper ; & quoy qu'ils n'oſent prendre l'affirmative pour les crimes enormes, qui ſont expreſſement ſpecifiéz en la loy de Dieu ; ils s'accommodent toutes-fois volontiers aux interpretations Phariſaiques, par leſquelles les choſes defenduës en la loy eſtoient reſtraintes aux plus groſſieres, pour excepter les autres, leſquelles, ſelon le jugement humain, eſtoient legeres. Ainſi eſtimoient-ils, que celuy qui s'abſtenoit de l'acte d'adultere, ſatisfaiſoit au commandement, quoy qu'il regardaſt la femme de ſon prochain pour la convoiter ; ou qu'il preſtaſt l'oreille à des choſes ſales, ou qu'il employaſt la langue à les proferer. Que celuy qui ne ſe parjuroit point n'eſtoit point coulpable, quoy qu'il juraſt ſans neceſſité. Que celuy qui n'uſoit pas de main-miſe contre ſon

pro-

prochain n'avoit rien à craindre, encore qu'il le haïst, & luy dit des injures, & ainſi des autres. De la meſme ſource procede la conteſtation
de pluſieurs, ſur les remonſtrances
qui leur ſont-faictes, ou de leurs excés en habits; ou de leurs façons peu
modeſtes,ou de leurs geſtes indecens;
ou de la frequentation de compagnies peu convenables à. leur profeſſion; ou de leurs jeux de hazard;
ou de leur curioſité à courir aux
ſpectacles publics & les entretenir;
& notamment pour le temps &
l'argent qu'ils employent, pour l'attention qu'ilz apportent, & le plaiſir qu'ils prennent à donner de la
pratique aux jongleurs, baſteleurs,
joüeurs publics de Comœdies,tra-
gœdies,farçes, & bouffonneries. Car
il ſe trouve pluſieurs perſonnes, qui
ſemblent bien inſtruites d'ailleurs,
leſquelles exerçent leur eſprit à dreſ-
ſer des Apologies pour cela, tantoſt.
par la comparaiſon de plus grands

pechéz ; tantoſt par la negation d'u-
ne expreſſe defence en la parole de
Dieu ; tantoſt par une pretention
d'utilité , juſques à vouloir faire telles gens Miniſtres de vertu , inſtru-
cteurs de ſapience , & deſtructeurs
des vices ; en fin convertir les baſteleurs en Predicateurs & Philoſo-
phes : & les Theatres , en eſcholes
de ſageſſe : Sans crainte de ceſte ſen-
tence du Prophete , g *Mal-heur
ſur ceux qui appellent le mal bien , & le bien
mal : qui font les tenebres lumiere , & la
lumiere tenebres: : qui font l'amer doux , &
le doux amer. Mal-heur ſur ceux qui ſont
ſages en eux-meſmes, & entendus en ſe con-
ſiderans eux-meſmes.* Ce ſont ceux qui
ſe gouvernent plutoſt par leur cóſeil
& opinion que par la parole de Dieu,
& qui veulent aſſervir la raiſon , à
leurs paſſions. Envers leſquels nous
voudrions volontiers uſer de la cha-
rité que nous recommande S. Jude,
h *de les ſauver par frayeur , comme les*
arra-

g Eſai. 5. verſ. 20. 21, h Iud. v. 21.

arrachans hors du feu, haiſſons meſme la robe tachée par la chair. Deſireux de les en deſpoüiller pour les faire reveſtir des armes de lumiere.

CHAP. II.

De la varieté des Ieux & ſpecta-cles Theatriques, reſtrainɛte à preſent aux Comœdies, Trage-dies & Farces.

NOus avons donc deliberé avec l'aſſiſtance de Dieu, de faire veoir aux vrais Chreſtiens, en ce petit traicté, le danger dedans lequel ils ſe jettent les yeux ferméz ; & d'autant plus grand, qu'ils ſe rendent aveugles volontaires aux lumieres de la verité, pour ſe plaire aux œuvres de tenebres. Et pour ceſt effect, taſcherons à prouver par bónes raiſons, que celles qu'ils veulent juſtifier, &

 auſ-

aufquelles ils s'employēt & les entre-
tiennēt, font telles; Et que les raifons
qu'ils apportent pour s'en defendre
font frivoles,& nulles: Et que la pure
Antiquité en l'Eglife de Dieu les a
condamnées comme pernicieufes.
Et afin de nous reftraindre à celles
defquelles l'abus continuë en noftre
temps : pource qu'entre les fpectacles, contre lefquels plufieurs Anciens ferviteurs de Dieu, ont decla-
mé, il y en a qui ne fe pratiquēt plus,
auffi n'en parlerons nous point :
comme ceux des gladiateurs & efcri-
menrs à outrance,des cōbats d'hommes contre les beftes fauvages ; des
luictes & des courfes à cheval & en
chariots, dedans les arenes des cirques & Theatres : combien qu'en
plufieurs de ces jeux, ofté ce qu'ils
eftoient confacréz aux Dieux des
Gentilz, il y euft moins de danger de
corruption,excepté en ceux aufquels
les fpectateurs prennoient plaifir à
veoir efpandre le fang , & defchirer
les

les hommes , s'accoustumans à la
cruauté : Car pour les courses, elles
pouvoient avoir leur utilité,& servir
d'exercices preparatoires à une juste
guerre , & n'y avoit rien de soy , qui
attirast les spectateurs à quelq; mauvaise pensée, ou convoitise desor-
donnée ; où il n'y avoit point de paroles qui jettassent dans le cœur par
les oreilles,quelque ordure, ou quelque profanation , ni des gestes lascifs
& impudiques : où se voyoit seulement une agilité & adresse de ceux
qui y estoient exercéz,& qui à l'envi
taschoient d'emporter le prix. D'où
vient aussi que l'esprit de Dieu *a* en
tire des similitudes pour nous encou-
rager à la course spirituelle;& aspirer
au prix eternel. Mais c'est tout autre
chose des jeux, qui se faisoient és
mesmes Theatres & cirques, qu'on
a appellés *sceniques* , ainsi nomméz
par les Atheniens , pource que les
premiers qui les ont joüéz , choisis-
A 5 soient

a 1. Cor. 9. 24.

foient des lieux ombragéz de ra-
meaux & de feüillages, comme depuis on s'eſt ſervi d'eſchaffaux cou-
verts, juſques à ce que le luxe de la
grandeur Romaine leur eut preparé
des edifices d'une ſtructure magni-
fique. Or ce qu'ils ont appellé *Scene*,
regardoit nommement les Come-
dies & Tragedies, eſquelles certains,
qu'on appelloit *mimos* imitateurs
& baſteleurs, ou *biſtrions*, c'eſt à
dire, *joüeurs* en l'ancienne langue
Toſcane ; en latin *ludiones*, repre-
ſentoient divers perſonnages, & diverſes actions & advantures pour
donner plaiſir au peuple. Les Grecs
les ont auſſi appellés *hypocrites*, pource qu'un coquin, repreſente ſur le
theatre la perſonne d'un Roy, & un
tout autre perſonnage qu'il n'eſt,
d'où vient que ce meſme nom eſt
attribué à ceux qui font les devots,
& ſous le voile de devotion cou-
vrent leur impieté ; ou qui font les
gens de bien en apparence, & ne
valent

valent rien en effect. Ces chofes
ainfi diftinguées, la queftion eft, fi
ceux qui ramenent entre les Chreftiens ces jeux, & ces imitations, de
deguifements d'habits, de fexes, de
paroles & de geftes, & qui en font
meftier en public, doibvent eftre en-
tretenus en cefte façon de vivre; &
fi les enfans de Dieu, obeiffans à fa
parole, peuvent en bonne confcience
eftre leurs fpectateurs, & auditeurs ?

CHAP. III.

*Confideration de la fin des fpecta-
cles comiques & tragiques, &
du plaifir qu'on y prend.*

POur bien juger d'une action, il
eft neceffaire de bien entendre la
fin que fe propofent tant ceux qui
l'exercent, que ceux qui la recerchent
& l'approuvent. En celle cy, où il y
a des acteurs & des fpectateurs &

 audi-

auditeurs , il n'eſt pas mal-aiſé de
cognoiſtre le but & la fin des uns &
des autres. Les Acteurs ont pour but
de donner du plaiſir & du paſſe-
temps , aux ſpectateurs , & en tirer
du gain & du proffit. Les Spectateurs , y cerchent le plaiſir & la volupté ; non celle qui reſioüiſt l'eſprit
& touche l'entendement par la co-
gnoiſſance des choſes excellentes divines & humaines : mais, celle qui ſe
reçoit par les ſens , les chatoüille, &
leur aggree , & par eux emeut auſſi
en ſuite les facultéz internes , & ſe
gliſſe dedans l'ame . Or combien ,
qu'entre les ſens, celuy de l'attouchement , le plus ordinairement , ſerve
aux appetits de la chair , & aux vo-
iuptéz qui deſcoulent de la convoitiſe d'icelle , laquelle par ſon moyen
eſt principalement provoquée , ſi
eſt-ce, que les autres ſens y contri-
buent auſſi beaucoup , & que leurs
operations ſervent de preludes &
d'aiguillons, à celles du toucher : car

les

les paroles & geftes, qui font repre-
fentées aux oreilles & aux yeux, font
autant de femonces aux penfées &
actes impudiques qui les fuivent fouvent ; & marques & indices d'une
inclination & difpofition à les faire,
quand elles font reçeuës avec plaifir
& contentement. C'eft pourquoy
nous ne faifons pas confifter la cha-
fteté, feulement en l'abftinence de
la joüiffance des voluptéz charnel-
les ; mais auffi en celle des paroles &
geftes peu honneftes, lefquelles auffi
entrent fous le genre de telles def-
bauches ; foit qu'on les profere ou
qu'on les imite en particulier ; foit
qu'on les exerce en public : mais fur
tout en ce dernier, pource que le
danger eft plus eftendu, & la contagion plus grande, & que plus il y a
de fpectateurs & auditeurs, plus
on y employe d'artifices, attraits, &
allechemens, qui font auffi le plus
fouvent promis par exprés, és affi-
ches de ces *ouvriers d'iniquité.*

Qui

Qui voudroit oſter aux hommes toutes ſortes de plaiſirs qui aggreent aux ſens, & les touchent immediatement, ſeroit juſtement blaſmé comme s'il les vouloit deſpoüiller de l'humanité. Car ſi le nom de *volupté* pris abſoluëment, eſt le plus ſouvent interpreté en mauvaiſe part, il eſt toutesfois de ſoy commun à celles qui ſont licites, & à celles qui ſont defenduës. Es premieres, la moderation eſt requiſe, pource que tout excés eſt vicieux. Quand aux autres, il les faut rejetter & fuir, pource que ſi on ne s'en garde, elles prennent le deſſus, ſur toutes les parties du corps & de l'ame, enervent les vertus, & renverſent la plus eſlevée fortereſſe de l'ame, qui eſt l'entendement, le precipitant en toutes ſortes de viċes. Tellement que *a* Platon n'a pas dit ſans raiſon, , qu'elle rendoit mols comme

a *Voyez Clement Alexand. au* 2. *livre de ſes tapiſſeries. Plat. en ſon Timée.* ἡδονὴ μέγιϛον κακῶν δέλεαρ.

comme cire, les esprits les plus rele-
véz, & les livroit captifs aux vices,
les desnuant de toutes forces pour y
resister, parce qu'elles attachent &
clouënt les ames contre la terre, afin
qu'elles ne s'en puissent relever. Le
mesme appelle la volupté, l'apast &
l'amorce du mal, pource que par elle,
les hommes sont pris, comme le
poisson par le hameçon. Toute volupté doncques doibt estre suspecte,
pource que par ses attraicts & alle-
chements elle engage l'homme peu
à peu, jusques au poinct auquel il ne
tient plus de mesure.

Mais pource que les Philosophes
qui traictent de la morale, semblent
n'accuser d'incontinence & intemperance, sinon ceux qui se laissent
surmonter par les appetits desordon-
néz de l'attouchement & du goust :
& qui s'adonnent aux couches ille-
gitimes, ou s'emportent aux delices
& excés du boire & du manger ; il y
en a peu qui mettent au rang des in-
tempe-

temperans, ceux qui ſe plaiſent à veoir ou à oüir les choſes vaines, ou folles, ou meſme peu honneſtes; & qui en l'oüie, ou en la veuë de telles choſes, ne tiennent point de meſure. Car les hommes ont de couſtume de juger ſeulement honteux l'abus des voluptéz qui leur ſont communes avec les autres animaux, & par leſquelles ils dégenerent, en quelque maniere, à la ſemblance des beſtes brutes, ſe transformans en chiens & en pourceaux. Et neantmoins, c'eſt choſe certaine, que les voluptéz & plaiſirs des yeux & des oreilles, procedantes ou de la veuë des jeux & geſtes, ou de l'oüie des voix & paroles charmantes, ne ſont pas moins vicieuſes en leurs excés, & ſelon leurs ſubjects, ni moins pernicieuſes, que les autres qui chatoüillent la chair, par l'atouchement & par le gouſt: Et que ceux-là ne ſe peuvent laver de la tache d'incontinence, qui ſe plaiſent à oüir & à veoir es Theatres

tres & fur les efchafaux les repre-
fentations & defcriptions, des paffions amoureufes, & des fouplefles
diverfes de ceux qui s'y font adónéz.
Pour cefte caufe l'Efcriture recommande fi fouvent la conduite & pre-
caution neceffaire aux yeux & aux
oreilles, parce que les vices entrent
par ces feneftres, & que les hommes
par ce qu'ils voyent & oyent, font
attiréz à ce, à quoy poffible n'euffent
ils point autrement penfé. a *Si toft
que je l'eu veu,* difoit quelqu'un, *je fu
perdu.* C'eft ce qui faifoit dire à Job,
b *qu'il avoit faict accord avec fes yeux,
pour ne point contempler la Vierge.* Et
David, Seigneur c *deftourne mes yeux
qu'ils ne regardent à vanité.* Et le fage Sa-
lomon cójoignoit ces deux chofes,
d *Tes yeux regarderont les femmes eftran-
geres, & ton cœur parlera tout au rebours.*

Le

a *Vt vidi, ut perii,ut me malus
abftulit error.*

b *Iob.* 31. *v.*1. c *Pfal.*119.*v.*37.
d *Proverb.*23.*v.*33.

Le danger n'est pas moins grand du costé des oreilles, si ceste prudence n'y est apportée, que e *l'oreille discerne les propos, tant ainsi que le Palais sauoure les viandes.* Autrement il y a du de-defaut, & du peril quand f *les hommes ayans les oreilles chatoüilleuses, s'assemblent des Docteurs selon leurs desirs.* Car encore que l'Apostre die cela, ayant esgard à ceux qui enseignoient és Eglises : si est-ce neantmoins qu'il marque un vice commun entre les hommes, qui se plaisent plus à oüir ce qui chatoüille leurs oreilles, & flatte leurs humeurs, que le son de la verité, laquelle par accident, est une bonne mere d'une mauvaise fille, pource qu'elle engendre haine, en ceux qui prestent plus volontiers leurs oreilles aux fables & mensonges ; & qui aiment qu'on les entretienne de mots pour rire & de plaisanteries.

e *Iob. 12. vers. 11.* f *2. Tim. 4. vers. 3.*

CHAP.

CHAP. IV.

Application de ce qui a esté dit aux jeux de Comœdies & Tragedies.

ON ne peut revoquer en doubte que ces jeux de la scene & du Theatre, ne soient instituéz & practiquéz, pour donner du plaisir & entretenir les voluptéz, qui touchēt ces deux sens ; & alument la convoitise par gestes & paroles d'impudicité & de plaisanteries. Car c'est chose presque ordinaire, qu'en ces theatres sceniques, toutes sortes d'alumettes d'impudicité sont debitées, & que les yeux & les oreilles trouvent à s'y occuper en toutes les choses qui donnent de l'achopement, pour lequel le seigneur commande que a *si nostre œil nous faict choper. nous l'arrachions ;* C'est à dire que nous

nous

a *Matth. 5. vers. 24.*

nous priverons de ce qui nous feroit autrement auſſi cher que la prunelle de l'œil, plutoſt que de nous mettre en danger qu'ils nous ſoient en oc-caſion de cheute. Là, certains hom-mes desbauchéz, appelléz *enfans ſans ſoucy*, ayans pour but de remplir leur bourſe, pour ſervir leur *b* ventre, enſeignéz par ce maiſtre des arts in-ventif & induſtrieux, ramaſſent & raſſemblent en un lieu, tous les inſtru-ments des plaiſirs & voluptéz, par leſquels ils eſtiment, & non ſans rai-ſon, qu'ils detiendront & captiveront les eſprits des hommes. On feint les mœurs & les humeurs de toutes ſor-tes de perſonnes, de toutes condi-tions, aages, voix, geſtes, habits; des maquereaux, des garces, des paraſites, des jeunes & vieux, des hommes & femmes. Et de cela ne faict-on pas ſeulement un recit de paroles, mais par imitations de geſtes & poſtures diverſes,

b Magiſter artis ingeniique largitor venter. Perſius.

diverſes, afin que cela penetre d'a-
vantage. On y meſle des poinctes
gauſſeries & plaiſanteries, comme
pour ſaulce, & afin d'y donner le
gouſt. Finalement, pour y adjouſter
le comble des attraicts & allechemens, on produit ſur le theatre de
jeunes hommes; & qui eſt encore
pire & plus contagieux, des femmes
& des filles, parées & deſguiſées
d'habits ſomptueux, leſquelles ne
ſont pas ſeulement capables d'eſmou-
voir une populace, mais auſſi d'atti-
rer & arreſter les yeux des hommes,
qui ſont d'ailleurs graves & pru-
dents. Quoy? ſi tout cela, comme
il advient le plus ſouvent, eſt com-
poſé & diſpoſé pour eſtre rapporté
aux paſſions & diſſolutions de l'a-
mour impudique? C'eſt ce qui atti re
la plus part des ſpectateurs, & à
quoy ils prennent le plus grand plaiſir; quand on leur met devant les
yeux des beautés attrayantes, ou
vrayes, ou feintes & fardées; & que

par

par les images des vices, & le rapport qui en eſt faict, joinct à l'imitation, la convoitiſe eſt embraſée, les tromperies & ſoupleſſes des amoureux enſeignées; les paſſions repreſentées, & eſveillées; afin que par ces feintes, les ſpectateurs ſemblent ſe trouver preſens, où les choſes ſe font en effect, & les avoir devant leurs yeux, & en la penſée. Là ſe trouvent hommes & femmes, jeunes gens de l'un & de l'autre ſexe: & les femmes & filles extraordinairement parées, y viennent, non ſeulement * *pour veoir, mais auſſi pour eſtre veuës*, & faire eclatter leurs brillans à la lueur des flambeaux, & allumer par meſme moyen le feu de la convoitiſe, laquelle n'en eſt que trop ſuſceptible, ſans allumettes.

Que ſi la Tragœdie ſemble plus ſerieuſe, & ne ſouffre pas la licence des Comœdiens, marchant d'un pas plus grave, & traictant de choſes

plus

---

* *ſpectatũ veniunt, veniunt ſpectentur ut ipſæ.*

plus feveres, pource qu'on y repre-
fente de grandes infortunes, des
cruelles adventures & des vengean-
ces horribles. Elle ne laiffe pas toutes-fois de mefler avec tout cela des
amours impudiques, & des paffions
indecentes, qui menent les hommes
& les femmes au defefpoir, & les
portent à fe defaire eux-mefmes, &
cercher leur ruine. Et ne faut pas
dire, que cela eft utile, quand on
veoid les finiftres evenemens des
amours mal entrepris, ou de quelques autres actions reprehenfibles :
Car les hommes font bien plus fuf-
ceptibles du mal qui eft enfeigné,
qu'emeus par la peine qui le fuit ;
fe promettant toufiours qu'ils feront
plus fins & advifés, & fe garderont
bien de l'evenement, contre lequel
ils femblent eftre premunis. Et certes, quand on examinera bien les tragœdies, & tragœ-comedies, notamment celles efquelles s'exercent les
efprits de ce temps, on n'en trouvera
pas

pas une en laquelle il n'y ait des leçons d'ambition, de vanité ; souvent
de passions amoureuses ; tousiours
de passions desreglées : Et puis elles
ne se peuvent jouër , sans que les
assistants, & nommement les femmes
& les filles , oyent & voyent ce qui
ne leur est ni convenable ni decent.
D'où vient que quelqu'un a bien dit
qu'elle a pris son nom , du bouc
[τράγος] qui est un animal qui n'entre jamais en un lieu sans y laisser de
la puanteur. Adjouftéz à cela que les
acteurs estans Comœdiens à gages,
qui veulent plaire & donner du paf-
se-temps , sçachans bien s'ils n'y
meslent le mot pour rire, & les en-
tremets de bouffonneries , ne feront
pas venir l'eau à leur moulin: sçavent
assaisonner les tristes discours, avec
les farces, par lesquelles ils essuyent
les larmes qu'ils sembloient avoir
attirées, pour renvoyer les spectateurs en bonne humeur, comme ils
appellent, & les inviter à la con-
tinuation

tinuation de leurs exercices : ayant
touſiours pour fin la volupté , & ce
que S. Jean appelle , a *la convoitiſe de
la chair, la convoitiſe des yeux, & l'outrecui-
dance de la vie* , *ce qui n'eſt point du Pere
mais du monde*, autrement, leur meſtier
ne vaudroit rien, en la corruption du
ſiecle: & s'ils ne diſoient que de bonnes choſes , ils pourroient bien fer-
mer leur boutique.

a 1. Iohan. 2. v. 16.

CHAP. V.

*Redargution de ceux qui employent
des matieres ſacrées pour ſubjects de jeux comiques & tragiques ; où qui ſe ſervent des lieux
ſacréz, pour les jeux des Comæ-
diens.*

C'Eſt choſe aſſez cognuë , que
les Dieux des Gentilz, c'eſt à
dire les Dæmons, ont exigé ces jeux

B de

de leurs adorateurs, comme partie de leur service : tellement qu'ils ont esté tenús parmy eux comme exercices de Religion. a *Les jeux de la Scene*, disoit S. Augustin, *sont mesléz avec les honneurs des Dieux ; Ce sont des artifices que la vertu Romaine a esté long temps sans cognoistre, lesquels, combien qu'ils fussent recerchéz pour le plaisir & delectation des hommes, & se soient glisséz par la corruption des mœurs, les Dieux ont requis, qu'on les fist en leur honneur.* Il avoit dit auparavant, que *les Dieux avoient introduit les jeux Sceniques, parmi les mœurs Romaines, qu'ils avoient voulu qu'ilz fussent consacréz à leurs honneurs, par tout où ils se celebroient, recitoient, & jouoient.* Cependant les Poëtes comiques & tragiques se licencierent de parler de leurs Dieux & de leurs faicts, comme des plus desbauchèz d'entre les hommes, adulteres incestueux, & Sodomites, trompeurs, ravisseurs, & quoy non ?
Tous

a *De civit. Dei lib. 2. cap. 13.*

Tous les Adorateurs de tels Dieux, dit
S. Augustin, b quand il leur en pren-
noit une envie, teincte, comme disoit Persé,
d'un venin boüillant, regardoient plutost à
ce qu'avoit faict Iupiter, qu'à ce qu'avoit
dit Platon en ses loix; ou Caton en ses
sentences: tesmoin ce jeune garnement en
la comœdie de Terence, lequel regardant un
tableau auquel estoit estoit peint Iupiter,
faisant tomber une pluye d'or dans le sein
de Danaë, se servoit de ceste authorité
pour defendre la mauvaise vie, en laquelle
il se ventoit d'estre imitateur de son Dieu.
Mais de quel Dieu? disoit-il: De
celuy qui esbranle par son tonnerre les
Temples terrestres. Moy donc qui ne
suis qu'un homme petit, ne feray-je pas
comme luy? Ouy, je le feray, & volontiers.

Nous avons un Dieu, qui ne se
plaist pas en telles choses, & qui ne
veut pas seulement qu'on s'abstienne
des spectacles, qui polluent les assi-
stans, & de paroles par lesquelles les

B 2   oreilles

b Ejusdem lib. cap. 7.

oreilles chastes sont offensées : Mais qui ne veut pas anssi que les choses bonnes & sainctes servent de jouët & de passe-temps sur un theatre. Et n'est pas chose à approuver que les Histoires de la saincte Escriture soient converties en comœdies &, tragœdies, ce qui ne se peut faire sans en diminuer la Majesté, & sans leur oster de leur pureté. Bien que quelques hommes doctes, & d'ailleurs Religieux, ayent pensé en ce faisant, oster de devant les yeux de la jeunesse les lascives & infames comœdies, & les a *sanglantes , prodigues , & impies Tragœdies* , comme les appelle Tertullian. Ilz ont aussi creu par ce mesme moyen qu'ilz destourneroiët ies peuples de l'entretien de ces desbauchez & perdus ; qui font mestier & marchandise de paroistre sur le Theatre ; & que les acteurs estans jeunes hommes choisis dans les Escholes , qui s'exerceroient par ce moyen & pour le style , & pour

a *De spectaculis lib. cap.* 17, l'action

l'action, donneroient un contentement innocent à ceux qui les vien-
droient oüir: & leur feroient quitter
le defir & affection de prefter l'o-
reille aux bafteleurs & farceurs.
Que ces actions eftans rares, & en
lieux honorables, & faictes par perfonnes libres & non mercenaires, ne
repugneroient point à la pieté, &
aux bonnes mœurs, Et à la verité,
fi l'authorité &· la fimplicité de la
fainćte Efcriture demeure faine, &
entiere ; de laquelle nous avons defia
dit, qu'elle n'eft pas matiere de jeux:
nous ne voudrions pas rejetter l'imitation de quelque honnefte hiftoire,
auparavant bien examinée, ou de
quelque moralité bien exprimée,
par les perfonnes que nous avons de-
fignées, en lieu & temps convenable. C'eft à quoy ont regardé les
Eglifes Reformées de France en une
conftitution Ecclefiaftique, de laquelle la teneur eft, b *Il ne fera loifible*

B 3

b *Chap. 14. de la difcipline Ecclefiaftique.*

aux fideles, d'assister aux Comœdies, Tragœdies, Farces, Moralitéz, & autres jeux
joüéz en public ou en particulier: veu que de
tout temps cela a esté defendu entre les
Chrestiens, comme apportant corruption
de bonnes mœurs. Mais sur tout quand
l'Escriture y est prophanée. Neantmoins,
quand en un College il sera trouvé utile à
la jeunesse, de representer quelque histoire,
on la pourra tolerer, pourveu qu'elle ne soit
comprise en la saincte Escriture, qui n'est
baillée pour estre joüée, mais preschée:
pourveu aussi que cela se face rarement, &
par l'advis d'une compagnie Ecclesiastique,
qui en verra la composition.

Neantmoins, quoy que l'argument & toute la composition en fust
honneste, les temples où Dieu est
servi, & où sa parole se presche, ne
doibvent pas estre employéz à cela,
comme ils sont en quelques lieux,
mesmes es jours des festes, pour y
representer les mesmes choses que
sur les Theatres ordinaires; ce que
quelques Gentilz ont jugé indigne

des

des Temples de leurs Dieux. *a* Et le
Philosophe Aristides a tasché de le
dissuader, remonstrât que les comœdies n'estoient point convenables aux
festes des Dieux, pource qu'en icelles
il faut tousiours dire choses bónes &
honnestes, & que puis qu'il n'est pas
permis d'offrir es sacrifices, ce que la
loy defend, il a aussi jugé que les
Dieux ne peuvent estre honoréz par
l'art & l'industrie de ceux qui sont
destituèz de toute probitè, comme
sont les comœdiens & basteleurs.
Le Diable donques n'ayant peu obtenir sans quelque resistance, qu'ès
superstitions par luy inventèes, on
meslast de tels jeux ; c'est chose
estrange, que parmi ceux qui font
profession du nom Chrestien, on ait
permis que les Temples ayent servi
de Theatres. On dira, peut estre,
qu'on n'y a representé que des histoires sacrèes, tirèes des livres sainčts.
b Mais Mariana confesse qu'en Hes-
B 4   pagne,

a Aristides in Smyrnensibus.
b Libro de spectaculis.

pagne, pour faire rire le peuple, on
y represente plusieurs choses deshonnestes. *C'est chose fascheuse, dit-il,
qu'on ne peut nier, ce qui ne se peut con-
fesser qu'avec honte. Que souvent es Temples tres-sainćts, principalement es aćtes
de la fable, on recite, en façon de chœur,
les larcins des adulteres, & les sales amours.*
*Tellement que chacun qui aime l'hon-
nesteté, doibt fuir tels spećtacles, s'il veut
avoir esgard à son honneur & à la pieté.*
Il a donc raison d'estimer, qu'on
devroit exterminer des Temples ces
ordures & risées ; mais ce n'est pas
assez de *l'estimer* ainsi, il le faut
asseurer & croire. Ce qu'il eust dit
aussi sans doubte: mais il avoit peur,
comme il le confesse, qu'on ne le
jugeast *vouloir par une telle dispute diminuer le service des Sainćts, non sans
quelque soupçon d'impieté.* Ceste crainte
retient la liberté de plusieurs, qui en
cela & autres choses, cognoissent le
mal, & ne l'osent reprendre.

Mais quoy, si ces Ać teurs se con-
tiennent.

tiennent es termes de la modeſtie, &
ne repreſentent es lieux ſacrèz que
des hiſtoires ſacrèes ? Il reſpond, &
à mon jugement, avec raiſon, que
ceſte maniere ne ſera pas moins pre-
judiciable à la ſainctetè de la Religion ; ni moins deſhonorable à la
Republique. Pourquoy ? *Pource
qu'il n'eſt pas convenable, dit-il, que les
geſtes des Saincts ſoient repreſentéz par
des hommes infames.* Et ſur cela il
raconte & deteſte, ce qu'il dit avoir
apris d'un des Juges, qu'en une compagnie de comœdiens, une femme
qui joüoit le perſonnage de la Mag-
delene, fut ſurpriſe en adultere avec
celuy qui joüoit le perſonnnge du
Sauveur, & qui le repreſentoit, en
voix, geſtes, & habits. *Vilainie inſigne,
diſoit-il, & d'autant plus, qu'ils eſtoient
oüis avec un grand applaudiſſement du peuple, & ſouvent tiroient des larmes des
ſpectateurs.* Et c'eſt bien dire quelque
choſe, mais ce n'eſt pas reſpondre
au principal, à ſçavoir ſi les perſon-

nes qui ne font point infames & de
mœurs corrompuës, mais qui font
honneftes, & d'ailleurs fans reproche, peuvent reprefenter des hiftoi-
res facrèes en formes de Comœdies
ou Tragœdies dedans les Temples
où fe faict le fervice de Dieu, & y
jouër fur le Theatre, Chrift, la faincte
Vierge, les Apoftres & Euangeliftes
& les Anges de Dieu, avec les fain-
ctes femmes? Nous maintenons que
cela eft contraire à la Majefté de la
Religion, & injurieux au facré Mi-
niftere inftitué de Dieu pour edifier
noftre foy : & qu'il n'eft loifible de
deftourner la parole de Dieu de fon
droit ufage, pour la faire fervir aux
jeux & aux plaifirs des fens : puis-
qu'en l'Eglife de Dieu, toutes chofes
doibvent eftre raportées à la mode-
ftie & vraye pieté, afin que l'ame foit
portée à la Religion, & à la contem-
plation refpectueufe des chofes divines. Cela ne fe faict pas avec des
clameurs, rifées, & applaudiffemens;
moins,

moins encore par les histoires sainctes, destournées de leur droit usage,
& profanées quand elles sont converties en fables. Car lors elles ex-
posent en moquerie la Religion
Chrestienne.

Ainsi se pratiquoit-il autresfois
en plusieurs lieux, devant le temps de
la reformation, & en tels termes, &
avec telles inventions, qu'à present
il faudroit estre bien impudent, pour
n'en avoir point de honte. J'ay veu
moy mesme, & eu en mon pouvoir,
un asséz gros volume imprimé à
Paris, *il y a plus de cent ans, auquel toutes les histoires du Nouveau
Testament estoient converties en
fables comiques & tragiques, en
plusieurs endroits si blasphematoi-
res ; en d'autres si ridicules, qu'il y a
à s'estonner, ou de la malice, ou de
l'ignorance des auteurs. Ils feignent
des personnages desquels on ne trouve ni trace ni vestige : ausquels ils
B 6 attribuent

* Chés Galliot du Pré, in quarto.

attribuent des difcours forgèz à plaifir, & fi ineptement & lourdement,
qu'ils femblent avoir voulu fe moquer de Dieu & des hommes. Et toutesfois cela fe reprefentoit en grand
appareil, lors que de toute la France
on accouroit au Sacre d'Angers, celebré là tous les ans avec une extra-
ordinaire folemnitè. Et de là peut-
on veoir, combien peut parmi les
hommes, une couftume inveterèe,
pource, qu'encore que le Pape Innocent III. l'euft defendu par loy
expreffe, toutesfois on ne pouvoit
empefcher le cours de cefte couftume, qui eludoit la loy, de laquelle
voicy les termes. a *Quelques-fois fe
font es Eglifes des jeux de Theatres, où
non feulement pour fpectacle ridicule font
insroduites des monftrueufes mafcarades:
mais auffi en quelques feftes, les Diacres,
Preftres, & fous-Diacres, prefument d'y
exercer les jeux de leurs folies.* Ce qu'il
con-

a. Cap. Cum decorem, de vita & ho-
neftate clericorum.

condamne & defend au mesme lieu.
Mais on interprete cela des spectacles profanes, afin qu'on ne soit contrainct de reprouver la coustume qui
dure encore en quelques lieux, où
se joüent ès Temples des comœdies
de matieres sacrées; combien que la
loy n'excepte rien, & qu'il n'y ait
raison de faire d'exception, pource
qu'il y a plus de peché à manier les
choses sacrées indignement, & im-
purement; qu'à traicter des choses
prophanes d'une maniere conforme
à la matiere.

CHAP. VI.

Où sont proposées des raisons, con-
tre les jeux comiques & tragi-
*ques, mesmes hors les lieux & *
matieres sacrées.

PEut estre s'en trouvera-il peu,
en quelque profession Chrestienne que ce soit, qui veuillent
maintes-

maintenir cet abus, & qui ne con-
feſſent, que tels jeux ne ſe doibvent
meſler avec la Religion, & que les
choſes religieuſes, ſe doibvēt traicter
avec une toute autre gravité. Mais
la plus grande difficulté reſte à com-
battre, pource qu'on ne deſmord pas
facilement de cette opinion, que le
paſſe-temps , & le plaiſir qu'on
prend , es jeux publics des comœdiens mercenaires, qui en ont la per-
miſſion du Magiſtrat, ne doibt pas
eſtre blaſmé : & non ſeulement cela,
car il y en a qui paſſent plus outre,
qu'il eſt utile & profitable, au public,
& aux particuliers. Or, pource que
nous tenons la negative, & diſons
qu'ils ſont pernicieux au public, &
au particulier, & indignes de ceux
qui font profeſſion du nom Chreſtien, il nous faut produire les raiſons, qui nous meuvent à cela. Et
d'autant qu'il n'y en a point, qui
doibvent plus toucher la conſcience, que celles qui ſont tirées de l'authorité

thorité de Dieu en sa parole, nous commençerons par là.

Il est vray, que les Theatres & spectacles comiques & tragiques, n'ayans point esté en usage parmi le peuple d'Israël, nous ne trouverons pas es escrits des Prophetes, qu'ils y soient redarguéz en termes exprés, qui est aussi une des defences de ceux qui ne se veulent point corriger sur cela. Mais ils devroient penser, que les regles generales de la parole de Dieu nous fournissent de principes, par lesquels avec la ratiocination, nous tirons des conclusions contre toutes sortes de vices & excés: & que de la condamnation de choses moindres sous mesme genre, nous inferons celles des plus grandes. Tertullian *a* au livre qu'il a faict contre les spectacles, en use ainsi, contre ceux qui s'en defendoient & se *flattoient, disans que cette abstinence n'estoit point expressément defenduë.* Comme si,

disoit

a. Tert. des spect. Chap. 14.

diſoit il, *il n'y avoit pas abondamment
dequoy les redarguer, quand les convoitiſes
de ce ſiecle ſont condamnées. Car, comme
il y a des convoitiſes de l'argent, des dig-
nités, de la bouche, de la gloire, & des
ſoüilleures de la chair ; auſſi y en a-il
de la volupté. Et les ſpectacles eſtans
une eſpece de volupté, on ne peut nier que
la convoitiſe d'iceux ne ſoit defenduë.* Il
argumente là meſme de la repugnance qu'il y a entre les paſſions &
les affections qui eſmeuvent les hommes es ſpectacles à celles que le
S. Eſprit excite es cœurs des Chreſtiens : & conclud que Dieu ayant
defendu de contriſter & inquieter
cet eſprit de ſaincteté; il ne peut qu'il
ne le ſoit, où ſont excitées les paſſions, de fureur, de colere, de douleur pour choſes de neant, & autres
ſemblables, comme celles d'une joye
charnelle, & d'un ris immoderè.

a Il argumente, de ce que toute
impudicité eſtant defenduë par la
parole

parole de Dieu, les Chrestiens sont
par là exclus des Theatres, *qui sont
le consistoire special de l'impudicité : où
rien n'est approuvé, que ce qui est ailleurs
improuvé : desquels la principale grace, pour
le plus souvent, consiste en impuretez.*
Cet argument est tres-bien fondé ;
sur tout si nous avons esgard au dire
de l'Apostre, b *Que paillardise &
toute soüilleure, & avarice, ne soit point
mesme nommée entre nous, ainsi qu'il
appartient aux Saincts : ni non plus chose
vilaine, ni parole folle, ni plaisanterie. qui
sont choses qui ne sont pas bien seantes.*
Comment donc peuvent ceux qui
sont appellèz à estre Saincts, se trouver es lieux, où on represente publiquement les passions amoureuses,
les appetits de vengeance, & qui se
concluent par plaisanteries & bouffonneries infames ? *Si,* dit le mesme
Tertullian, c *nous devons avoir en
abomination toute impudicité, pourquoy
nous sera-il licite d'ouïr, ce qu'il n'est pas
licite*

b *Ephes. 5. v. 3.* c *Au mesme lieu.*

licite de dire, veu que nous sçavons qu'il sera demandé raison au jugement de Dieu de toute bouffonnerie & de toutes vaines paroles? Pourquoy nous sera-il licite de voir, ce qu'il n'est pas licite de faire sans crime? Pourquoy ce qui polluë & soüille l'homme, estant proferé de parole, ne le soüillera il, s'il le reçoit es yeux & es oreilles? puis que les yeux & les oreilles servent à l'ame; & si les serviteurs sont pollus; le maistre ne pourra pas estre net. D'où il conclud, d que le Theatre est interdit par l'interdiction de l'impudicité.

Le mesme en un autre lieu, Il y en a, dit-il, quelques-uns d'une foy ou trop simple ou trop scrupuleuse, qui pour s'abstenir des spectacles, demandent une authorité de l'Escriture. Et pretendent estre doubteux, pource qu'une telle abstinence n'est point nommement denoncee aux serviteurs de Dieu. A quoy il respond, Certes, nous ne trouvons en aucun lieu, que comme ouvertement il est dit, Tu ne tueras point, Tu ne seras point Idolatre,

Tu

d Au mesme livre Chap. 3.

Tu ne commettras point de fraude ; Il
foit dit auffi en termes formelz , Tu
tras pöint au Theatre &c. Mais nous
trouvons qu'à cefte efpece apartient , ce
qui eft dit au commencement des e Pfeau-
mes , Bien-heureux eft celuy qui n'eft point
allé au confeil des mefchans , & ne s'eft
point arrefté au chemin des pecheurs : &
ne s'eft point affis en la chaire des peftes.
Adjouftant que cefte fentence eft ge-
nerale , & fe doibt auffi eftendre à
l'interdiction des Theatres. Ce font
les refponfes que faifoient les Anciens, à ceux qui demandoient, comme nous lifons auffi au traicté de
Cyprian de fpectaculis, *ubi fcripta funt
ifta, ubi prohibita?* Où eft-ce que ces
chofes font efcrites ou defenduës?
Nous demandons toufiours à Dieu
qu'il ne f *nous induife point en tenta-
tion :* quelle excufe pourront avoir
devant luy ceux qui s'y jettent de
gayetè de cœur & frequentent les
lieux , defquels il eft difficile de re-
tourner

e Pfalm.1. f En l'oraifon Dominicale.

tourner sans quelque mauvaise in-
spiration? Et l'experience tesmoigne
que souvent les plus modestes, par
la veuë de tels spectacles se laissent
aller au vice contraire, & peu à peu
se rendent impudents.   Qui est-ce
qui se jettera dans les flammes sans
estre bruslé ? tout y est preparé pour
embraser la convoitise : les orne-
mens, les gestes, les voix, les vers, les
inventions diverses, & les mouve-
mens estudiez ; tels que les spectateurs ne peuvent s'exempter de com-
muniquer à ces œuvres infructueu-
ses, & se jetter en un manifeste danger.   Car si quelqu'un dit qu'il y va
avec une resolution prise de ne con-
sentir à aucun mal, & de se roidir &
affermir contre toute mauvaise sug-
gestion, quand il seroit aussi dur &
ferré qu'il se propose, il se devroit
souvenir du dire d'un ancien, que
les esprits de fer, ne laissent pas d'estre
domptez & amolis par le feu de la con-
cupiscence.

Adjou-

Adjouſtéz à cela, que s'il y en avoit
de ſi fermes & ſi bien munis qu'ils
fuſſent hors de danger pour leur regard : ſi ne ſeroient-ils pour cela
exempts de peché. Car ils ſont en
ſcandale & en achopement aux in-
firmes, qu'ils attirent dans les filets
par leur exemple, principalement,
les perſonnes d'authorité, & de plus
grande qualité, quoy que d'ailleurs
ſages & graves : Car poſé meſme
que par leur preſence ils retinſſent en
quelque ſorte l'inſolence & l'immo-
deſtie des acteurs, pour ne dire rien
devant eux qui s'entiſt l'ordure &
l'infameté : ſi eſt-ce que ceſte porte
eſtant ouverte, tout le monde le man-
cipe d'entrer es theatres communs,
& y veoir & oüir tout ce qu'il plaira
à ces fripons d'eſtaller, quand un
fois ils les tiendront en leur eſch e-
l'impudicité & d'effronterie. ole

Nul n'ignore le ſoin que non ſeulement l'Eſcriture ſaincte, mais auſſi
la plus ſaine Philoſophie, recommande

mande au regard du sexe plus foible.
S. Pierre veut a *qu'on leur porte respect,*
comme *à un sexe plus fragile* : C'est
à dire qu'on se garde de faire en leur
presence chose indigne de l'honneste
vergongne qui leur doibt estre pro-
pre. Il veut *que leur chaste conversation
soit avec crainte.* Et pour le regard
des filles, on sçait que les Hebrieux
donnent nom aux Vierges, qui signi-
fiè b *Cachées,* pource qu'elles estoient
retenuës en la maison de leurs peres,
& ne se monstroient point es lieux
publics, sinon pour les actes de Religion. Entre les Grecs aussi elles
estoient appellèes c *recluses,* pour la
mesme cause. L'advertissement du
filz de Syrach estoit pratiquè, d *As
tu des filles? garde leur corps, & ne leur
monstre point ta face joyeuse.* Le mesme
dit que la *fille est une veille secrette au
Pere.* Pensent à cela les peres & ma-
ris,

a 1, *Petr.* 3. *v.*7. & *v.*2.   b *Almah.*
c κεκαλλεῖψι.   d *Ecclesiastique* 7.
*vers.*24. *chap.*42. *vers.*9.

tis, qui trouvent bon qu'on voye leurs femmes & leurs filles parées es Theatres, & combien que e *la Virginité puisse estre deflorée par les yeux*, leur permettent de jetter la veuë avec plaisir sur les gestes des hommes & femmes impudiques, & d'avoir les oreilles à leurs discours, & d'approuver par leur presence tout ce qu'ils font & proferent. Est-il pas bien seant à des femmes vertueuses, & à des filles sages, de veoir & contempler sur le Theatre des femmes, ou des hommes travestis en femmes, en habits de garçes, & là former leurs voix, leurs paroles, & leurs actions pour donner du plaisir aux spectateurs? Est-ce un exemple convenable à leur sexe & à leur condition? f L'Apostre ne veut pas que les femmes parlent en l'Eglise; & quelques anciens interpretes en ont donné cette raison, que leur voix & leur

parole,

e Florus. *Etiam oculis Virginitas delibatur.* f 1, Tim. 1, verf. 12.

parole, euſt peu enflammer la convoitiſe en leurs auditeurs. Qui eſt-ce
donques qui ſe pourroit tenir aſſeuré
contre le danger, parmi celles qui ne
parlent pas de choſes ſainctes, mais
feintes & vaines, non en habit mo-
deſte, mais en un deguiſement lubri-
que, & avec geſtes impudiques?
David, quoy que Sainct & Prophete,
fut precipité en pluſieurs maux au
ſeul regard d'une femme nuë : Qui
eſt-ce qui aprés cela oſera venter ſa
conſtance? Si une femme rencon-
trée par la ruë enlace ſouvent celuy
qui la regarde curieuſement : que ſe
peuvent promettre ceux qui courent
avec tant de ſoin pour veoir & ouïr
les comœdienes ſur le Theatre? *a* Au
livre du Deuter. *La femme*, dic la
loy, *ne portera point l'habillement d'un*
homme, & l'homme ne veſtira point le
veſtement de la femme, car quiconque faict
telle choſe eſt en abomination à l'Eternel
ton Dieu. La raiſon de cela, eſt, que la
choſe

<hr>

a *Deut.* 22. *verſ.* 5.

chofe eſt de ſoy-meſme indecente :
& afin auſſi que par ce moyen on ne
couvre point des actions impudiques, cachees ſous ce voile. Car l'habit convenable à chacun ſelon ſon
ſexe, eſt requis pour la conſervation
de la pudicité. Le Poëte avoit raiſon de dire, a *qu'une femme qui por-*
toit un Caſque, ne pouvoit pas faire preuve
de ſa chaſteté, puis qu'elle diſſimuloit ſon
ſexe. Et Herodote qui diſoit, *que la*
femme deſpoüille la honte avec ſa robe.
b Ce fut un moyen par lequel Clo-
dius attenta de ſoüiller la couche de
Cæſar, ayant emprunté la robe d'une
ſervante. Or es jeux dont eſt que-
ſtion, il n'y a rien ſi ordinaire que ce
deguiſement, & cette confuſion de
ſexe quant aux habits. c La loy de

C   Dieu

a *Quem præſtare poteſt mulier galeata*
   pudorem ? Qua fugit à ſexu.
b Plutarcq. en la vie de Cæſar.
c *Vbi lex non diſtinguit, nec nos diſtin-*
   guere debemus. Gloſſa ad lib. 8. D.
   de pub. in rem act. lib. I. Parag. Quod
   autem. D. de aleatoribus.

Dieu qui condamne cela comme une abomination, ne faict point d'exception : & s'il y en avoit quelqu'une, il faudroit qu'elle fuſt tirèe de la neceſſitè, laquelle ne peut avoir lieu en cela, comme elle auroit en celuy, où celles qui changeroient d'habits pour ſauver leur vie. Ceux donq qui le font pour donner du plaiſir, & pour effœminer les hommes, & rendre les femmes impudentes, ſont en abomination à Dieu ; & ceux qui prennent plaiſir à ce deſguiſement contre nature, ne peuvent s'excuſer devant Dieu. Au Canon LXII du ſixjeſme Concile de Conſtantinople in Trullo, *Nous ordonnons* (diſent les Peres,) *qu'aucun homme ne veſte la robe d'une femme, ou aucune femme la robe qui convient à un homme. Ceux qui entreprendront cela, ou qui veſtiront des perſonnes comiques, ſatyriques ou tragiques, s'ils ſont clercs, ſeront depoſéz, s'ils ſont laïcs, ſeront ſeparez.*

On ne doibt permettre ni entretenir

tenir en public , ce qui deſtourne les
ouvriers & le peuple de leurs ouvra-
ges ordinaires , & les accouſtume à
l'oſiveté & curioſité au prejudice de
leurs familles ; ce qui deſtourne les
jeunes enfans de l'obeiſſance deuë à
leurs parens ; ce qui les divertiſt de
leurs eſtudes & autres exercices honneſtes ; ce qui desbauche les ſervi-
teurs, au prejudice de leurs maiſtres,
& les rend negligens à leurs debvoirs,
& deſireux d'imiter les faineants auſ-
quels ils voyent qu'on applaudiſt.
Tels ſont les jeux publics des comœdiens & farçeurs. Il ne les faut
donc pas permettre.

A cela faut encore joindre , qu'il
ſe faict des deſpenſes non ſeulement
inutiles pour entretenir telles gens ;
mais auſſi pernicieuſes & domma-
geables à eux & aux autres. Car ils
attrapent par leurs artifices une grande quantité d'argent , & ſçavent tous
les moyens de tirer à eux , ce qui devroit eſtre employé envers les vrais

pauvres & neceſſiteux, leſquels meurent ſouvent de faim & de froid, tandis que telles gens vivent delicieuſement à table d'hoſte; & reçoivent des preſens de robes royales, pour en donner puis apres en la veuë de ceux, qu'ils taſchent de pervertir & corrompre par leurs artifices mercenaires.

Telles & ſemblables raiſons ont faict, que non ſeulement les Theologiens, mais auſſi pluſieurs bons politiques ont condamné, & exclus des Republiques bien policées les Comœdies & Tragœdies joüées publiquement par telles perſonnes. *Il n'y a rien ſi dommageable aux bonnes mœurs*, diſoit Seneque, *que de s'aller ſeoir aux jeux & ſpectacles publics; car alors les vices avec le plaiſir, qu'on y prend, ſe coulent plus facilement dedans nous.* a *Que penſés tu que je veüille dire? j'en reviens plus avaricieux, plus ambitieux, plus prodigue: j'en reviens meſme plus*

a *Epiſtre 7.*

plus cruel & plus inhumain, pour avoir esté parmi des hommes. Item: *Il faut retirer de telles assemblées du peuple, un esprit jeune & tendre, & qui n'est pas encore bien asseuré en la vertu. On passe facilement à ce que plusieurs font. Vne assemblée si diverse & si dissemblable aux mœurs de Socrates, de* Caton *& de Lollius. pourroit esbranler leurs ames : tant s'en faut qu'aucun de nous, pour si bien que nous ramassions les forces de nostre entendement, puisse resister à la violence des vices, qui nous assaillent avec des troupes si grandes.*

b François Patrice en ses livres de la Republique : *Cela, dit il, ne me plaist pas, que la Comœdie (laquelle on dit avoir esté premierement inventée en Sicile) soit aussi recitée es spectacles. Car elle corrompt les mœurs des hommes & les rend mols & effœminez, & les pousse & incite aux desbauches & lubricitéz.* C'est pourquoy ceux de Marseille,

C 3

qui

b *Livre* 2. *Titre* 6. c *Voyéz Valer.*
Max. livre 1. *chap.* 6.

qui jadis ont esté grands observateurs &
conservateurs de la severité, ne donnoient
aucune entrèe en leur ville aux Comœdiens.
Car les ornements des Comœdies & leur
subject pour le plus souvent, sont les adulteres & larcins amoureux, d'où vient que
la coustume de regarder & oüir, apporte
aussi la licence de les imiter. Car, (comme
d'soit Seneque es livres de la Republique)
jamais les Comœdiens n'eussent peu faire
approuver leurs ordures es Theatres, si la
façon & coustume de vivre, ne les eust
favorisée. Dont il conclud, *Que don-*
ques la Comœdie soit chassèe des Thea-
tres.

Et quant à la Tragœdie; à son
jugement aussi elle doibt estre bannie
de la cité, laquelle un certain Solon de-
fendit estre enseignèe aux Thespiens,
comme estant inutile, & l'appelloit men-
songe. Aussi les Lacedemoniens com-
manderent qu'on jettast hors de Sparte les
livres du Poëte tragique Æschylus,
comme estans inutiles, & publiez plutost
pour corrompre les mœurs des hommes,

que

que pour servir aux arts loüables : & ce
n'est pas sans cause qu'on doibt chasser la
Tragœdie, hors de tout spectacle civil. Car
elle a en soy une trop grande violence meslee
de desespoir; laquelle de folz rend facilement les hommes insensez, & emporte
en fureur ceux qui sont legers : principalement quand ils oyent des discours inhu-
mains & enflez. Dont il conclud
côme devant, qu'il n'est pas expediét
qu'elles soient joüées es Theatres.
Jehan Bodin aussi au livre 6. de sa
Repub. où il parle de l'office des
Censeurs. *Qui est-ce*, dit-il, *qui peut
reprimer les saults des basteleurs , les comœdies, les spectacles, & les tours de passe
passe, sinon la censure ? Car il ne peut
point y avoir en la Republique une peste
plus mortelle, & qui ait plus de force pour
corrompre les mœurs, à cause de l'imitation
de la voix, du visage, de la parole, & des
vilaines & pernicieuses actions, lesquelles se
coulans peu à peu es esprits des citoyens, ren-
versent les Republiques entieres.* Certes,
non seulement elles corrompent les tendres
C 4
esprits

eſprits des enfans, mais auſſi elles tentent la pudicité des femmes plus chaſtes, leſquelles ſont induites non ſeulement à oüir leurs inepties boufonnes; mais auſſi à imiter les actions, deſquelles elles regardent attentivement les ſpectacles. Finalement, nous pouvons definir les Theatres, la ſentine & l'eſchole de toute infameté, & de tous vices. C'eſt pourquoy le Roy Philippe Auguſte, par de tres-ſaincts Edicts chaſſa tous baſteleurs, & comœdiens de ſon Royaume.

Et combien que la Tragœdie ſemble avoir quelque choſe plus ſevere & de plus auguſte que la comœdie, neantmoins Solon tanſa aigrement le Tragœdien Theſpis, de ce qu'à la façon ancienne il avoit repreſenté devant le peuple une tragœdie quoy que nue & pure. Et comme il s'excuſoit de l'avoir faict par jeu, Solon repliqua, qu'il n'y avoit point de jeu, quand les ſuites eſtoient ſerieuſes. A quoy ſe raporte ce que Ciceron eſcrit, que l'ancienne Grece a ſeverement puni, les acteurs de telles fables. Que diroit à preſent Solon s'il vivoit?

Or

Or comme ainſi ſoit que les ſpectacles
ſoient pernicieux à toutes ſortes d'hommes,
ils le ſont notamment à la jeuneſſe, & aux
nations plus ſeptentrionales, leſquelles ſont
plus legeres que les autres, & ayans la force
de leur eſprit aux ſens, reçoivent avec plus
d'avidité par les yeux, les geſtes vicieux,
que ne font les nations meridionales, leſquelles comme plus melancholiques, ayans
une ſeverité naturelle, ne les reçoivent pas
ſi aiſement. Et ainſi en jugent la pluspart des ſages Politiques.

Chap. VII.

Que les joüeurs publics & merce-
naires, de Comœdies & Tragœ-
dies, ont eſté tenus pour infames,
qui eſt un argument que leur
meſtier ne vaut rien.

C'Eſt choſe notoire à ceux qui
ont leu tant ſoit peu, & qui
cognoiſſent les loix Anciennes, que

les comœdiens, basteleurs, farçeurs, & joüeurs de tours de passe passe, jongleurs & semblables, ont estè notèz d'infamie par les loix Romaines, & par les constitutions Ecclesiastiques. S. Augustin au second livre de la citè de Dieu reproche aux Romains, que se servans es Theatres de ces gens comme Ministres de leurs Dieux, & comme de sacrificateurs, puis qu'ils leur cōsacroient ces jeux; *Quiconque*, disoit-il, *des citoyens Romains avoit choisi d'estre joüeur de comœdies & tragœdies,* [esse scenicus;] *il estoit non seulement exclus de tout honneur, mais aussi estant noté par le censeur, il n'avoit plus de rang en sa tribu.* Aprés avoir loüè cette loy, il adjouste, *Mais qu'on me responde, pourquoy telles gens sont exclus de tous honneurs, & cependant leurs jeux sont meslèz avec le service des Dieux? D'où vient qu'on rejette le comœdien, par lequel est honorè le Dieu : pourquoy est noté d'ignominie l'acteur de cette ordure theatrique, si*

l'exl'exacteur est adoré ? Cet argument estoit vallable contre l'idolatrie des Payens : & il ne l'est pas moins à present, contre l'honneur qu'on faict à telles gens de les aller oüir , leur faire des presens, & les salarier: combien que les loix continuent qui les rendent infames. Les paroles de la loy sont; a *Celuy-là est noté d'infamie, qui se produit sur le theatre pour y exercer un art ludicre,* où le Jurisconsulte *Doneau* remarque , ceux-là notamment notèz d'infamie, *qui montent sur le Theatre pour le gain , & qui exerçent cet art à cette fin.* Pource, dit-il, *qu'il appert que ceux qui suivent cette maniere de vivre, estans lasches & paresseux, donnent publiquement un mauvais exemple. Leur vie donques & leurs actions sont defenduës , afin qu'ils ne corrompent les mœurs des autres.* Ce qui est une fascheuse maniere de nuire, & d'autant plus pernicieuse, qu'elle est publique, & se glisse sous l'appast d'une volupté attrayante, &

C 6

preci-

a *D. de ijs qui notantur infamia, lege 2.*

precipite les imprudens en ruïne. C'est
ce qui les a faict noter d'infamie par
les loix ; & celuy-là est dit *infame*,
duquel les mœurs & la vie sont re-
prouvées : d'où on ne peut doubter
que telles gens croupissent en un
grand peché. Aussi ont-ils esté par
les anciennes regles Ecclesiastiques,
exclus de toutes charges en l'Eglise,
mesme après leur repentance & re-
conciliation.   Par le xviii Canon
attribuè aux Apostres, *b* celuy qui
avoit espousè une femme qui servoit
aux spectacles publics, n'y pouvoit
aspirer, ni parvenir.   Il y a notam-
mēt, une *femme comœdiene,* τὴν ἐπὶ σκηνῆς
qui a servi à la scene , où Zonarus
rend cette raison , *que telles femmes
conversantes sans honte avec tout le monde, & ne sont pas creuës vivre pudique-
ment & chastement.* *c* En un Canon
tirè du livre des doctrines Ecclesiastiques en S. Augustin, entre ceux qui

ne

b. *Qui scenicam duxerit.*
c. *Distinct* 33. *Can. Maritum.*

ne pouvoient eſtre admis aux ordres
ſacréz , eſt marquè celuy, *qui in ſcena*
luſiſſe dignoſcitur, qui eſt cognu pour
avoir joüé ſur le Theatre. Ils n'e-
ſtoient pas meſmes admis aprés la
repentance, à la communion des fi-
déles. Cyprian , eſtant enquis par
Eucratius, ſi un baſteleur qui avoit
eſtè nourri en la Religion Chreſtien-
ne, & avoit faict meſtier d'enſeigner
aux jeunes hommes la maniere de
contrefaire la femme , changeant le
ſexe par ſon art, combien que luy-
meſme euſt ceſſè de ſervir au Theatre, devoit eſtre privé de la communion de l'Egliſe ; reſpondit , d *qu'il*
n'eſtoit pas convenable à la majeſté Di-
vine, ni à la diſcipline Euangelique, que
l'honneſtèté de l'Egliſe, fuſt ſoüillèe, par
une ſi orde contagion.

Tout ce que nous venons de dire,
eſt auſſi remarqué par Patrice au ſe-
cond livre de ſa Republique. *Les*
Anciens Romains, dit-il, ont haï tous les
acteurs

d Epiſt. 61.

acteurs de Comœdies , & tous ceux qui exerçoient ces arts de joüer sur le Theatre : & par loix expresses , ont defendu qu'aucun de telles gens s'assist es premiers quatorze ordres : Et chéz Ciceron, Scipion le tesmoigne par ces mots. Comme ainsi soit qu'ils reputassent deshonorable l'art de joüer sur le Theatre, ilz ont voulu que ce genre d'hommes , non seulement fust privé des honneurs des autres Citoyens : mais encore que par censure publique ilz fussent rayés du roole des tribus . Que peut-on donques juger de ceux qui entre les Chrestiens les appellent, les escoutent , leur applaudissent, & les payent cherement de leurs peines ?

a S. August. parlant des fausses loüanges , qui sont renduës quelques fois au peché , *Donner,* dit-il, *de son bien aux joüeurs de Theatre,* [vitium est immane] *C'est un grand peché, non une vertu.* Et vous sçavéz que de telles

a Tract. 100. in Evang. Ioan. ad cap. XVI.

telles choses est frequente la renommée avec
loüange, pource que, comme il est escrit, le
Pecheur est loüé es desirs de son ame, & celuy
qui commet des iniquitéz est benit. Ceux
qui donnent ces loüanges ne se trompent pas
es hommes, mais és choses : car ce qu'ilz
pensent estre bien, est mal. Es constitutions Apostoliques livre VIII.
chap. XXXII. où il est parlé de
ceux qui viennent pour estre bap-
tiséz : *Si quelque Comœdien s'ap-
proche, soit homme, soit femme, qu'ilz
soient rejettéz.* Le Concile VI. de
Constantinople celebré au lieu appellé Trullum Canon LI. interdit entierement ceux qu'on appelle
basteleurs & leurs spectacles, adjoustant, *Qui, fera autrement, s'il est
clerc, qu'il soit deposé, s'il est laic,
qu'il soit separé.* Epiphane en son
abbregé de la doctrine Chrestienne,
dit que *l'Eglise interdit les Theatres,*
aprés avoir dit là mesme, *qu'elle re-
prouve les paillardises, adulteres, & insolences, mettant tout cela en un mesme rang.*

Entre

Entre les choſes juſtes pour leſquelles jadis par les loix un homme pouvoit repudier ſa femme, cette cy en
eſtoit une, *a* ſi elle s'eſtoit trouvée es
theatres, ou es ſpectacles des arenes,
contre la defenſe de ſon mari. Et
pour cela Sempronius Sophus re-
pudia la ſienne, teſmoin Valere,
pource que ſans ſon ſçeu, elle avoit
oſé regarder ces jeux. *b* Nous ap-
prennons de Dion Caſſius, que l'Empereur Tibere, jetta hors de Rome
les joüeurs de Comœdies & Tragœdies, & que cet art fut interdit par
edict public, pource que les femmes
y eſtoient deſhonorées, & qu'il en
arrivoit des querelles. *c* Mais aprés
la mort de Tibere, Caligula les ra-
pella, cette peſte de la Republique,
reſtabliſſant la peſte des bónes mœurs.
Tacite auſſi nous apprend, que les
Romains de bonne maiſon, qui re-
citoyent

a. *Lege conſenſu, Cap. de Repud.*
b. *Valer. lib. 6. cap. 5.*
c. *Dion Caſſius, lib. 57. & 59.*

citoyent leurs oraifons & leurs poë-
mes, *d* felon la maniere pour lors
ufitée, que les auteurs des livres, devant que les publier, les recitoient
pour en avoir l'approbation; fi di je,
ils le faifoient au lieu où fe joüoient
les Comœdies, qu'on appelloit
Scenes, ils en eftoient tenus pour
tachéz & deſhonorés.

Ce qui eft dit contre les Acteurs
de ces jeux, tombe auffi en partie fur
les fpectateurs & auditeurs : Car
combien qu'en cela ils different,
qu'ils ne vendent pas leur prefence,
ni leur attention, comme les autres
vendent leurs geftes & leurs paroles,
e Cyprian avoit raifon neantmoins
de dire, que Dieu *defend d'eftre fpecta-*
teur de ce qu'il defend de faire. Et Tertullian devant luy, *f pourquoy feroit-il*
licite d'oüir, ce qu'il ne faut pas dire ? Et

Lactan-

d Annal.lib. 14. *Proceres Romani fpecie*
orationum & carminum, fcena polluuntur.

e Cypr.Epi. 1. *Prohibuit fpectari qua pro-*
hibuit fieri. *f Lib. de fpect.*

Lactance, a *Les oreilles & la langue pechent esgalement.* A quoy se rapporte ce que S. August. citoit de Ciceron avec loüange, que les Actes b *des comœdies escrits ou joüés n'eussent peu estre reçeus, si les mœurs de ceux qui les ont reçeus n'y eussent esté conformes.* Aussi les constitutions Ecclesiastiques defendent l'un & l'autre, tant d'estre acteur, que d'estre spectateur; ce que nous entendrons plus particulierement es tesmoignages des Anciens que nous allons produire.

a *Lact. Epit. div. instit. cap.6.*
b *August. Epist. 202.*

CHAP. VIII.

Quelques sentences des plus anciens Docteurs Ecclesiastiques à ce propos.

NOus avons desia touché en passant les advis de Tertullian & de Cyprian, qui sont les plus anciens

ciens latins desquels les escrits nous
restent. Ils ont tonné, contre tous
spectacles en general, mais speciale-
ment contre les comiques & tragiques comme ennemis des bonnes
mœurs. *a* Entre les choses que Clement Alexandrin prouvoit estre mal
convenables aux Chrestiens, & qui
devoient estre abolies ; *qu'on defende,*
disoit-il, les spectacles & auditions qui
sont pleines de meschanceté, de paroles sales
& vaines, temerairement espanduës. Quelle
vilaine action n'est monstrée es Theatres ?
Et quelle parole impudente n'est proferé
par ces basteleurs & bouffons, qui taschent
de faire rire le monde ? Cyprian encore, *b Tu verras es Theatres ce qui*
te fera mal & dont tu auras honte.
C'est où s'esleve le patin tragique en re-
citant en vers les forfaicts anciens touchant
les parricides & les incestes. L'horreur
antique est repeté par une action exprimée
à l'image de la verité, afin que ce qui a

jadis

a *Pædag. lib. 3. cap. 11.* ἀκροάματ.

b *Cypr. Epist. 2.*

jadis esté commis, ne s'abolisse avec le siecle. Toute aage est admonestée par l'ouïe, que ce qui a esté faict se peut faire. Les pechéz ne meurent jamais par la vieillesse des aages; les crimes ne sont jamais ensevelis par le temps. Les meschancetéz, qui sont passées, sont proposées en exemple. Es comœdies aussi, qui sont les escholes d'infameté, on se plaist à recognoistre ce qu'on a faict en la maison, ou à ouïr ce qu'on y peut faire. On apprend l'adultere en le voyant, & ces maux permis par l'authorité publique servant de maquerellage aux vices, celle qui peut estre estoit venuë pudique au spectacle, s'en retourne impudique. En outre, quelle corruption de mœurs, quel entretien d'actions honteuses, quel aliment des vices, d'estre souïllée des gestes histrioniques? Et encore au livre qu'il a faict des spectacles. *Pour passer*, dit-il, *aux plaisanteries & boufonneries impudentes de la scene, j'ay honte d'accuser ce qui s'y faict. Les tromperies des acteurs, les fraudes, les adulteres, les impudicitéz des femmes,*

les

les plaisanteries boufonnes, les sales & ords parasites, les peres de famille mesmes emportéz de la gravité de leur condition, à une stolidité, qui les rend en quelque façon eshontéz. Et combien que ces garnements n'espargnent aucun genre d'hommes, ni aucune condition, ou profession, tout le monde nonobstant court au spectacle. C'est que le deshonneur commun delecte, pour recognoistre les vices, ou les apprendre. On accourt à ce bordeau de l'ignomie pnblique, à cette eschole d'impureté; afin qu'on ne face pas moins en secret, que ce qu'on apprend en public, & on enseigne entre les loix, ce qui est defendu par les loix. Que, faict au milieu de ces choses le fidele Chrestien? Comment se peut plaire en ces images d'impudicité, celuy qui ne doibt pas mesmes avoir les vices en la pensée? est-ce afin qu'ayant secoüé toute honte, il soit plus hardi à pecher?

a Lactance Firmian, *Ie ne sçay pas aussi (disoit-il) s'il y a corruption plus vicieuse*

a Es divines Instit. livre 6. chap. 20.

vicieuſe que celle des Theatres comiques,
Car les fables des Comœdies parlent ou de
la defloration des Vierges, ou des amours
des garçes ; & plus ceux qui ont inventé ces
forfaicts ſont eloquents ; d'autant plus ſont
ils perſuaſifs par l'elegance de leurs ſentences : & les vers nombreux & ornéz, ſe re-
tiennent plus facilement en la memoire des
auditeurs. Davantage les Hiſtoires tragiques mettent devant les yeux des parricides, & des inceſtes des meſchans Roys,
& demonſtrent leurs meſchaucetéz rele-
vées. Et les mouvements tres-impudiques
des baſteleurs, qu'enſeignent-ils, ou à quoy
incitent-ilz, ſinon à des convoitiſes vilaines ? a Baſile remonſtre qu'il ne faut
pas adonner ſes yeux aux ſpectacles, ni aux
vaines monſtres des præſtigiateurs, & qu'il
ne faut pas preſter les oreilles à la melodie
qui corrompt les ames. b S. Auguſtin,
appelle

a En l'oraiſon touchant la lecture
de livres des Payens.

b Du conſent. des Evang.
chap. 33.

appelle les Theatres, *Caves d'or-dures, & publiques profeſſions de meſchan-cetéz.*

Celuy que les Grecs ont ſurnom-mé Chryſoſtome, c'eſt à dire *bouche d'or*, eſt ſi exprés & ſi diffus en cela, qu'on pourroit faire un juſte vo-lume de ſes reprehenſions des jeux & ſpectacles publics, & notamment des comiques & tragiques. Nous en choiſirons quelques unes, par leſ-quelles on jugera facilement de tou-tes. Toute l'Homilie qu'il a faicte de David & de Saul, eſt preſque em-ployée contre les Theatres. Là il nie que ceux qui le jour devant s'e-ſtoient trouvéz au Theatre, peuſſent participer à la ſaincte table; & affer-me que ceux qui ſe trouvent aux ſpectacles, ſont touſiours embraſéz de la convoitiſe des femmes. c Ail-leurs il maintient que le Diable a

faict

c *En l'Homil. 6. ſur le chap. 2. de S. Matth.*

faict baſtir des Theatres, pour corrompre les hommes. Ailleurs encore, il les appelle, *Chaire de peſti-*
lence, Eſchole d'incontinence. d En un
autre lieu, il en faict cette deſcrip-
tion, *Es Theatres,* dit-il, ſont,
les ris. l'infameté, la pompe Diabolique,
la prodigalité, la perte du temps, l'employ
inutile des jours, une preparation abſurde
de la convoitiſe, une meditation de l'a-
dultere, un exercice d'impudicité, une
eſchole d'intemperance ; une exhortation à
ordure, & des exemples de vilenies.

Son diſciple Iſidore de Peluſium
n'eſt pas moins aſpre contre cela.
Ainſi eſcrivoit-il à Alypius, e *Celuy*
qui aime ardamment les Theatres (ô
homme de bien.) en eſt auſſi rendu
amateur infame. Fui les donc, de peur
que cet amour ne naiſſe en toy. Car il
vaut mieux, que la maladie ne prenne
point racine, que de l'arracher eſtant en-
racinée. Ce qui es uns eſt difficile, es
autres ſemble impoſſible. Et à un autre,

f *Si*

e *Epiſt. 463. du livre 5.*

f Si les amateurs des spectacles, rient en
la Comœdie dissoluëment & plus molle-
ment, & s'indignent plus qu'il ne faut
es jeux du cirque : En cette la, comme
estant effœminée par des imitations deshonnestes, en ceux-cy, à cause des con-
tentions plus qu'enragées des cochers : quand
est-ce qu'en fin ilz se trouveront en estat
de faire ce qui convient à des hommes?
Il faut donc en partie par persuasion, en
partie par contraincte les destourner de
cette indecence & deshonnesteté.

J'adjousteroy icy le tesmoignage
& les reproches de Salvian appellé
par Gennadius *Prestre de Marseille.*
a Mais pource qu'il est loug, & neantmoins tres-important, comme y
ayant plusieurs choses applicables à
nostre temps, pour la conformité de
D   l'estat

f *Epist. au Grammairien ,*
Ophelius. 517.

a *Bellarmin au livre des Escrivains*
Ecclef. le faict Evesqué de Mar-
feille, *l'an de Christ.* 1428. &
luy-mesme en l'inscription de la pre-
face l'appelle Salvian Evesque.

l'eſlat de l'Egliſe, & de l'opiniaſtreté
en impenitence, je le reſerveray pour
la fin, afin qu'il ſoit leu & peſé à
part, & entre-deux, j'examineray ce
qu'on a accouſtumé d'objecter, ou
pour maintenir ce mal, ou pour le
diminuer autant qu'on peut, & cou-
dre les couſſins ſous le coude de ceux
qu'on veut endormir en leurs pechés.

CHAP. IX.

Examen des palliations, & preten-
duës juſtifications, de ceux qui
ſe plaiſent aux jeux comiques &
tragiques de ce temps.

LEs hommes ſont touſiours in-
genieux à pallier les vices. Nous
tenons cela des premiers hommes,
qui ne paſſoient pas condamnation,
meſme eſtans redarguéz de Dieu.
Ils diminuoient leur fautes & ta-
ſchoient

schoient d'en jetter la cause sur l'auteur de tout bien. Les pechéz enormes, & desquels il n'y a point de
couleur, qui puisse couvrir la lai-
deur : sont diminuéz, par diverses
circonstances recerchées ; des temps,
& de la coustume, du nombre des
delinquans, comme si la multitude
de ceux qui croient, justifioit l'erreur ; de l'intention, de la surprise,
de n'y avoir pas pensé, d'avoir eu
une bonne visée : & semblables inventions. En cette occasion, où le
mal ne semble pas si grossier, la sub-
tilité des excuses trouve plus d'apparence, & quelque bien meslé avec le
mal, sert de pretexte, à ceux qui
cerchent dequoy flatter leur inclination, endormir leur conscience, &
applaudir aux coustumes inveterées,
& à l'humeur du vulgaire.

Il y en a qui pour faire monstre de
leur bel esprit, veulent maintenir que
ces jeux ne sont pas seulement tolerables, mais utiles & proffitables:

 & ce

& ce par divers moyens. Les uns se
fondent en raisons politiques, qu'il
est bon de donner aux peuples de tels
divertissemens, pour les tenir en debvoir, autrement qu'ils pourroient
s'eschapper, & se porter à des con-
jurations ou seditions. Mais, outre
que le plus souvent cela n'est pas pour
le peuple, mais pour les plus com-
modes & riches, d'autant que ce ne
sont pas spectacles donnéz par les
puissans, pour estre veus gratuite-
ment ; mais acheptéz par les particuliers : cette raison ne vaut rien
pour la conscience à laquelle nous
parlons : & valloit peu pour retenir
le peuple en debvoir, lequel au contraire estoit desbauché par ceux qui
luy preparoient des plaisirs, pour le
gagner à eux. A present ces jeux
mercenaires espuisent le peuple de
son argent : font que plusieurs desro-
bent à leurs familles ce dont elles
auroient besoin, accoustument le
commun à oysiveté & negligence,
qui

qui eſt un entretien de vices, em-
peſchent le ſervice de Dieu, qui eſt
negligé, ou refroidi par ceſte accou-
ſtumance. Et finalement l'experience a monſtré, que les peuples
où cela a eſté reçeu & commun,
ont degeneré de leur ancienne vertu, dés qu'ils ſe ſont portéz à ces
ſpectacles.

On allegue, qu'on y veoid de belles
choſes, qu'on y repreſente les mal-
heurs qui talonnent la meſchanceté
& perfidie ; qu'on y oit de belles
moralitéz ; & qu'il y a beaucoup à
apprendre. Qu'on y jouë des pieces
bien faictes par de beaux eſprits, auſ-
quelles la voix & les geſtes donnent
la vie, par laquelle ſouvent les auditeurs & ſpectateurs ſont deſtournèz
du mal, & portéz au bien. A cela,
je reſponds premierement avec Iſidore de Peluſium diſciple de Chryſoſtome, auquel il a plus de douze
cents ans un certain *Politique*, nom-
mé Hieron, faiſoit cette objection,

D 3

Homme

a *Homme de Dieu*, dit - il, *ce n'est pas à quoy s'estudient les comœdiens, que plusieurs soient rendus meilleurs par leurs brocards,* (comme tu as dit, te decevant toy-mesmes, & ceux qui t'escoutent.) *Mais plutost leur but est, que plusieurs pechent. Car leur fœlicité consiste en la meschanceté de leurs spectateurs, & adviendroit que s'ils estoient rendus meilleurs, le mestier ne vaudroit plus rien. C'est pourquoy ils n'ont eu jamais en l'esprit de corriger ceux qui font mal, & ne le peuvent quand ilz le voudroient. Car leur art de contrefaire & representer, de sa nature, est inventé pour nuire.*

Je di davantage, que les belles choses & les beaux mots en la bouche de ces gens là, & en tels lieux, sont comme les viandes delicates, & le meilleur vin, avec lequel on a meslé du poison, d'autant plus dangereux, que ce qui luy sert de vehicule est avalé avec plaisir. *Ne sçavez*

a *Livre* 3. *Epist.* 336.

ſçavez vous pas , dit l'Apoſtre , b
qu'un peu de levain enaigrit toute la
paſte ? D'ailleurs , ce n'eſt pas le
faiꞓ des yvronges & gourmands
de faire des leçons de la ſobrieté :
& les hommes infames & fripons
ne ſont pas des precepteurs pro-
pres pour enſeigner la probité ,
r'appeller les hommes du vice à la
vertu ; de la fureur , à la raiſon ;
de la cruauté . à l'humanité . Il
faut que celuy qui enſeigne les
bonnes mœurs commence par ſoy
meſme . Quoy , s'il faiꞓ profeſſion du contraire ? Il eſt vray
que les Lacedemoniens vouloient
que leurs enfans contemplaſſent
leurs Ilotes & eſclaves quand ilz
eſtoient yvres ; afin que leur honteux eſtat , leur fiſt hair ce vice :
Mais c'eſt autre choſe de ce qui
ſe veoid es Theatres , où le vice
eſt paré & deſguiſé , ſouvent des

D 4

habits

habits de vertus, sous lesquels il se
glisse, & opere plus puissamment ;
aussi n'y va on pas pour les detester,
mais pour les escouter avec attention, & y prendre du plaisir, les
payant non seulement de monnoye
commune, mais aussi de loüanges &
applaudissemens.

On insiste, qu'on peut veoir oüir
& faire plus de mal sans sortir de la
maison, ou es compagnies ordinaires, où on blaspheme souvent le nom
de Dieu, on est contrainct d'oüir des
paroles sales & deshonnestes, on de-
tracte du prochain, on se querelle ;
on list de mauvais livres, pires que
tout ce qu'on reprend en ces jeux.
Mais à cela est aisé de respondre,
Premierement, qu'un mal n'excuse
pas l'autre, qu'un plus grand, n'en-
sepvelist pas le moindre ; & que où il
est question de deux maux, desquels
on doibt éviter le plus grand, pour
souffrir le plus petit, cela ne s'entend
pas des pechéz, mais des peines :
Car

Car il faut fuir toute occasion de
mal faire, publique & particuliere.
On né laisse pas de chaftier les enfans
qui pour s'excuser disent, mon com-
pagnon a bien faict pis. Seconde-
ment ; Si on se trouve es lieux particuliers, où Dieu est offensé, c'est
par rencontre inopinée non par des-
sein ; ce n'est pas pour y prendre
plaisir : & l'homme de bien doibt,
en ce cas, tesmoigner sa repugnance
& son indignation. Mais ceux qui
vont là, y vont de plein gré & par
assignation ; & ne rendent aucun
tesmoignage du regret qu'ils ont, si
Dieu y est offensé. Adjouſtéz qu'e-
ſtans advertis de s'en deftourner, ils
y courent, & plus tls pechent volon-
tairement, & comme par opiniaftre-
té, plus font ils coulpables. Tierce-
ment ; Ceux qui pechent en leur
maison, ou en petite compagnie,
n'attirent pas publiquement le peuple aprés eux : & s'ils font coulpables de grandes fautes devant Dieu,

ils ne font pas en fcandale public,
qui eft un mal de grande eftenduë,
au lieu que l'autre eft reftraint à peu
de perfonnes.

Autres paffent jufques là, qu'ils
recognoiffent bien qu'il y a du mal,
& que fouvent en la compofition des
comœdies & tragedies, fe meflent
des matieres defhonneftes, que les
acteurs font des geftes & mines peu
convenables : & partant accordent,
non qu'on en aboliffe l'ufage, mais
qu'on en corrige l'abus : qu'on tienne
ces gens en debvoir, pour ne faire ou
dire rien defhonnefte fur le Theatre.
Quelques-uns auffi voudroient, qu'ó
abolift les farçes & bouffonneries,
& lors ils eftimeroient, qu'il n'y auroit pas raifon de s'en plaindre, ni de
les redarguer avec tant de vehemen-
ce. Et de vray, on y pourroit apporter tant de precautions, que le
danger feroit beaucoup diminuè,
Mais ce feroit, au regard de ces gens
là, la Republiuue de Platon, ou
l'Utoe-

l'Utopie de Thomas Morus, qui ne
feroit qu'en Idée. Le bien qui en
arriveroit fi on les bridoit ainfi, feroit côme il advint d'un bon Prieur,
qui pour fe defaire de fes Moines,
leur faifoit obferver eftroitement'la
regle ancienne en veilles & jeunes,
difant, que *hoc genus Dæmoniorum non*
ejiciebatur nifi jejunio & oratione ; &
l'interpretant de ce genre de Moines,
qui ne fe jettoit hors que par le jeuf-
ne & l'oraifon. Entreprennéz de
reformer ainfi les Comœdiens, &
vous les chafferéz du tout, ou ils ne
vous obeiront point, & fe rendront
plus coulpables & de plus mauvais
exemple, par le mefpris de vos or-
donnances. Il en faudra venir à ce
que le comique faifoit dire à un bon
valet, *O here, quæ res non modum ha-*
bet, nec confilium, ratione modóq, tractari
non vult. Or mon maiftre, la chofe
qui n'a ne confeil ne mefure, ne veut
pas eftre maniée par confeil & par
mefure. Qui eft-ce je vous prie,

qni pourra contenir des gens accou-
ftuméz , à bouffonneries, brocaads,
paroles impudiques , & geftes diffo-
lus, fi une fois vous leur permettéz
de dreffer leurs theatres , & y paroi-
ftre, en forte qu'ils fe tiennent és li-
mites de la raifon & de l'honneſteté ?
Ce fera un vain effay , car ils retour-
neront à leur premier meftier, autrement leur pratique feroit perduë , &
leur marmite renverſée. Parquoy,
les Magiftrats Chreftiens font obli-
géz d'y prendre garde pour leur pro-
pre falut, & pour le falut de leurs
peup'es, duquel auffi ils feront ref-
ponfables. C'eft à eux à bannir des
republiques tels fpectacles, qui n'apportent que de la corruption & du
ſcandale , une perte de temps & d'argent, qui entretiennent des hommes
vicieux & defbauchéz , des femmes
impudentes, allument le feu des cõ-
voitifes , enflamment les defirs vo-
luptueux , entretiennent l'ofiveté ;
diminuent le zele , & etouffent la
piete.

pieté. Reſte une objection qui
pourroit eſtre faicte, & à laquelle
il eſt à propos de reſpondre, pour ne
laiſſer rien en arriere. C'eſt qu'és
eſcholes, on liſt à la jeuneſſe les comœdies grecques d'Ariſtophane, &
autres, & les latines de Plaute & de
Terence. Item les Tragœdies d'Æ-
ſchylus, de Sophocle & Euripide en
grec, & les latines de Seneque. Pourquoy donc trouve l'on ſi eſtrange,
qu'elles ſoient repreſentées, ou de
ſemblables, ſur le Theatre? Je di ſur
cela, qu'il ſeroit à la verité à deſirer,
que l'elegance du ſtyle fuſt enſeignée
par des livres, qui auroient plus de
pureté pour la matiere, comme il
s'en trouveroit aſſés: Mais puis qu'il
eſt mal-aiſé d'oſter ces livres des
mains de ceux qui s'eſtudiẽt à biẽ dire en ces deux langues; il eſt meilleur
qu'ils ſoient expoſéz es eſcholes par
des perſonnes ſages & de bonnes
mœurs, qui en marquẽt les eſceuilz,
& apprennent à leurs diſciples à
ſepa-

feparer ce qui eſt bon & imitable,
de ce qui eſt à rejetter. Ce qui ne ſe
faict pas par les acteurs mercenaires,
qui mettent tout dehors ſans anti-
dote, & y adjouſtent les geſtes, les
habits, & les charmes de la voix,
pour mieux empoiſonner les auditeurs. François Patrice en ſes livres
de la Republique, ayant conclu pour
cette cauſe, a *qu'il faut chaſſer la Comœdie des Theatres*, adjouſte neantmoins, *que les Doctes s'ils veulent les
liſent en privé, & eſpluchent plutoſt les
mots que les ſentences.* Car elle a beaucoup d'elegance, & le ſtyle en eſt pur &
net, & accommodé aux façons de parler
ordinaires. Rien n'a manqué à Menander,
Eupolis Cratinus & Ariſtophane ont
grand luſtre, & beaucoup de grace. Les
latins ont auſſi leur loüange. Varron dit
que ſi les Muſes vouloient parler latin,
elles ſe ſerviroient du ſtyle de Plaute :
& le latin de Terence eſt elegant, net &
pur, duquel Ciceron dit qu'il faut uſer.
Il avoit

a *Livre 2. Titre 6.*

Il avoit dit le mesme auparavant des
Tragœdies anciennes, *que les Doctes
n'en devoient pas negliger la lecture.* Or
ce n'est pas ce que cerchent ceux qui
vont oüir les comœdiens. Ils veulent
autre chose que le style. Ainsi ne se
soucient - ils pas que leurs pieces
soient imprimées , sçachans bien
qu'on ne se contentera pas de les lire,
qu'on les voudra oüir, & veoir les
gestes & façons, desquelles la force
est bien plus grande, non pour impri-
mer les mots en la memoire , mais
pour y graver la corruption des
mœurs, & penetrer dans les cœurs.
Ainsi y a-il bien de la difference, entre les livres & les Theatres : combien qu'il seroit besoin, que la pluspart de ces auteurs fussent hors des
mains de la jeunesse il y a long téps,
desquels je mettray icy le jugement
de Denis Lamb n Professeur du Roy.
à Paris. b *Parlons*, dit-il, *des Poëtes
tragiques qui sont és mains de tous & se
lisent,*

b *En sa preface sur Lucrece.*

lisent, & apprennent. Premierement, les arguments des Tragœdies sont en partie atroces, meschans, & impies : en partie abominables,& incesteux, partie incroyables & absurdes. Pour exemple, des meres tuant leurs enfans, des enfans tuans leurs meres ; des hommes que leurs femmes font mourir aidées de leurs adulteres : des desbauches indomptables & effrenées de quelques femmes : des incestes des filz avec leurs meres ; des marastres desireuses de se polluer avec leurs beau-filz : des freres s'entretuans ; & six cens choses semblables. Et les Comiques quoy ? Si, dit-il, nous voulons agir avec eux à la rigueur, il les faudra exclurre des Bibliotheques. Ie ne diray rien d'Aristophane, qui est la bouche cognuë de l'ancienne Comœdie, on sçait la liberté, ou plutost licence, turpitude & impudence de ses paroles. Il n'y a personne qui n'ait oüi parler des poinctes salées de Plaute, j'obmets combien elles sont malignes, boufonnes, & sales. Et en ce mesme,qu'on estime le plus modeste,il n'est pas exempt de paroles deshonnestes. Et pour

dire

dire en un mot, Toute la matiere de la Comœdie, est de viellards avaricieux, folz & radoteurs: de jeunes hommes amoureux, intemperans, paillards, prodigues & perdus: de filles corrompuës ou par force, ou par argent: de putains insatiables; de valets trompeurs & larrons; de maqueraux impies & perjures; de Iaquets gourmands, & de Rodomonts glorieux. Tout cela ne vaut rien leu, que pour estre detesté: & est fort dangereux estant recité & contrefaict ou imité, en presence de toutes sortes de personnes, de tout sexe & de tout aage.

Chap. X.

De la circonstance des temps où nous sommes, par laquelle la licence de ces jeux publics, est grandement aggravée.

CE que le Sage disoit au livre de l'Ecclesiastique, que *toutes choses ont leur temps*: il l'appliquoit aussi

aux

aux saisons de joye & de tristesse: a *Temps*, disoit-il, *de pleurer*, & *temps de rire, temps de mener dëeil*, & *temps de sauter.* Tellement, que quand mesmes ces spectacles seroient tolerables, encore faudroit-il prendre garde où, & quand? & considerer que toutes choses ne sont pas convenables en tout temps, en tous lieux, & à toutes sortes de personnes. Il est permis quelque-fois de se resioüir, & de faire bonne chere entre ses amis : Mais encore faut-il prendre garde de ne le faire jamais immoderément ; & quelques-fois aux occasions que Dieu nous envoye, de nous soustraire mesme les legitimes plaisirs. Nous devons avoir la prudence de prendre bien nostre temps, & cognoistre le jour de nostre visitation, si nous ne voulons que Dieu nous reproche justement comme jadis à son peuple d'Israël, b *La Cicoigne a cognu par les cieux ses saisons la tour-*

a. Ecclesiaste 3: v. 4.   b Ioan. 8. v. 7.

tourterelle, l'arondelle & la gruë, ont
 garde au temps, qu'elles doibvent venir ; mais mon peuple n'a point cognu le
droit de l'Eternel. Pourquoy disoit-
il cela ? pource que ce peuple estant
chastié de Dieu ne s'amendoit point,
il n'y avoit personne qui se repentist de
son mal, disant Qu'ay-je faict ? Ailleurs
aussi Dieu leur reproche d'avoir mal
pris leurs temps, & monstré qu'il n'y
a rien qui luy desplaise tant, que
quand les hommes sont insensibles à
ses chastimens, & qu'au lieu de s'hu-
milier devant Dieu, ils se jettent
dans les plaisirs de ce siecle.

Le Seigneur des armées vous a appelléz ce jour là à pleurs, & à dücil, &
à vous arracher les cheveux, & à ceindre
le sac, & voicy joye & liesse : on tue des
bœufs, on egorge des moutons, on mange la
chair, & on boit le vin, puis on dit Man-
geons & beuvons, car demain nous mour-
rons. Or l'Eternel des armées m'a de-
claré disant, Si jamais cette iniquité vous
est.

C. Esai. 22. vers. 12. 13. 14.

est pardonnée que vous n'en mouriéz, a dit *l'Eternel des armées.* Il n'y a rien qui offense Dieu à l'egal de cette stupidité, par laquelle nous nous endurcissons à ses coups, & rions sous sa verge, au lieu de pleurer.

Quel est à present l'estat de toute la Chrestienté ? y a-il lieu aucun exempt des jugements & des chastimens de Dieu, & où il ne tesmoigne qu'il est irrité contre la malice des hommes ? La peste, la guerre, & la famine, qui sont icy bas les grands fleaux de son ire, ravagent par tout depuis plusieurs années. On n'oit parler que de calamitéz publiques ; on ne veoid de tous costéz que miseres, & des objects pitoyables des desolations si fort espanduës. La terre est couverte de corps morts ; les rivieres sonr rouges de sang humain en plusieurs endroits. Les pays fertiles sont reduits en deserts ; les villes autresfois peuplées, sont abandonnées de leurs habitans ; le service

de

de Dieu banni de plusieurs lieux où il s'est exercé n'a pas long temps, avec grande liberté, & ce qui reste d'entier, ou moins endommagé, menacé de mesme visitations ; & les avant-coureurs de ces mal-heurs, desja sont à nos portes. Les benedictions de Dieu, qui nous avoient accompagnéz, nous delaissent : nos desseins & nos entreprises s'en vont à neant. Tous les jours nous viennent nouvelles, de pertes nouvelles. Et cependant il semble que nous soyons au milieu de nos plus grandes prosperitéz. Le luxe s'accroist, & à mesure que nous diminuons en forces & en moyens, la somptuosité se faict plus grande, en habits, en festins, en banquets, & en toutes superfluitéz. Lors que nous sommes appelléz au sac & à la cendre, nous nous chargeons d'or & de pierreries, & comme si nous nous voulions moquer de la croix de Christ, nous la changeons en une croix d'orfeuvrie, pour

parer

parer le corps, de ceux qui ne penſent à rien moins qu'à charger ſur eux la croix du Seigneur, renonçer à eux meſmes & le ſuivre. Nous faiſons profeſſion d'avoir renoncé en noſtre bapteſme, au Diable, au monde, & à ſes pompes & ſpectacles ; & cependant nous y courons, où nous les trouvons ; nous les preparons, où ils n'eſtoient point, & les procurons pour y donner nos preſences & nos heures, en une ſaiſon qui nous devroit faire penſer que la derniere heure n'eſt pas loin, & que la journée de l'Eternel eſt prés. Cette indolence, que je ne die ſtupidité, ne peut eſtre qu'un preſage de plus grands mal-heurs, ſi la miſericorde de Dieu ne les deſtourne ; ce qu'elle ne fera, qu'en nous deſtournant de nos mauvaiſes voyes, pour faire les ſentiers droicts à noſtre Dieu.

Si nous eſtions ſi ſages & ſi adviſéz que de nous corriger par les exemples d'autruy, nous en avons de bien

bien exprés & en bon nombre, qu'il
ne faut point cercher au loin. Nous
en avons chéz nous mefmes & en
nous mefmes: mais telz, jufques icy,
par une grande patience de Dieu,
que s'ils nous rendent fages aprés le
coup ; ce ne fera pas aprés un coup
mortel. Ce que nous avons efté
efpargnéz ce font fes grandes com-
paffions. N'en abufons point. Et
qu'il ne die point de nous, a *A quel
propos feriéz vous encore battus? vous ad-
joufteréz revolte. Toute la tefte eft en
douleur , & tout le corps eft amatti.*
Gardons qu'il n'adjoufte, pour nous
comme pour les autres , *Voftre païs
n'eft que defolation,& vos villes font en feu;
les eftrangers devorent en voftre prefence
voftre terre.*

Or pource que ces temps font
femblables à ceux aufquels les Gots
& les Vandales Atriens, ravageoient
tout l'Empire Romain , & auquel
cependant , on ne pouvoit obtenir
de

a *Efai.* 1. *verf.* 5. & 7.

de ceux qni portoient le nom de Chrestiens Orthodoxes , un vray amendement de vie : tellement , que comme on faict à present, aussi se jettoient-ils en toutes sortes de dissolutions : auquel temps , sous le regne de l'Empereur Zenon , l'an CCCCLXXX Salvian Prestre de Marseille , representa la justice des jugemens de Dieu , & sa providence au milieu de toutes ces confusions, redarguant avec une saincte liberté, les excés & egaremens semblables à ceux de nostre temps, mesmes en ce qui concerne les jeux publics des Theatres. J'ay traduit son discours sur ce subjet, pour conclusion de ce petit traicté , afin que les lecteurs en cette conformité de mœurs, appre-hendans d'estre egaléz en chastimens, recourent à la misericorde de Dieu par un changemsnt en mieux.

VERSION

VERSION DV

latin de *Salvian* Prestre de *Marseille*, du VI *Livre du Gouvernement*, ou *Providence*, de *Dieu*.

POur laisser à part ce que vous mesmes excusez, disans qu'il ne se faict pas tousiours: Parlons des ordures de tous les jours, que les legiós des Dæmons ont inventés telles, & en si grand nombre, que les ames mesmes honnestes & bonnes, quoy qu'elles en puissent mespriser & fouler aux pieds quelques-unes, ont toutesfois de la peine à les surmonter toutes. Car, comme les armées qui se disposent au combat, ou entre-coupent de fossés, ou embarrassent de paux fichés, ou bien incommodent de chaussetrapes, les chemins par où on veoid que les troupes enuemies passe-

passeront, afin que s'il y en a quelques-uns, qui ne tombent pas en tous ces pieges, il n'y en ait toutesfois aucun qui les eschape tous: Ainfi les Diables ont tendu tant d'embufches en cette vie au genre humain, qu'encor que quelqu'un en puiffe éviter plufieurs, toutesfois il fera pris par une. Et certes, pource que ce feroit chofe de longue halaine de parler de toutes, (fçavoir des Amphitheatres, des Theatres pour les chanfons, des autres places pour jouër, des pompes, des luicteurs, des danfeurs fur la corde, des bafteleurs, & autres monftres, defquels il me defplaift de parler, pource qu'il me fafche mefme de cognoiftre ce mal:) je parleray feulement des impuretéz du cirque & des theatres. Car les chofes qui fe difent & fe font là, font telles, que perfonne ne peut non feulement les dire, mais mefme s'en fouvenir, fans fe polluër. Tous autres crimes prennent prefque chacun leur part

part en nous ; comme les sales pen-
sées, l'ame ; les regards impudiques,
les yeux ; les mauvaises paroles, sai-
sissent les oreilles : tellement que s'il
y a de l'erreur en l'une de ces parties,
les autres peuvent estre sans peché :
Mais es Theatres, il n'y en a pas une
innocente ; pource que l'ame y est
souïllée de convoitises, & les oreilles
de ce qu'elles oyent , & les yeux, de
ce qu'ils regardent. Toutes lesquelles
choses sont si abominables, qu'il n'y
a honneste personne, qui les puisse
expliquer & en parler sans rougir de
honte. Car , qui est-ce qui demeu-
rant entierement en l'estat que re-
quiert la modestie & la pudeur honneste, pourra exprimer de paroles,
ces imitations de choses infames, ces
ordures de voix & de mots, ces sales
mouvements, ces gestes vilains & in-
decents ? desquels , on peut de là juger, combien ils sont criminels, qu'ils
ne permettent pas qu'on en puisse
faire une honneste relation. Il y a

E 2   quel-

quelques grandes meſchancetéz, leſquelles peuvent eſtre nommées, raportées & repriſes, ſans intereſſer l'honneſteté de celuy qui en faict le reçit : comme ſont les homicides, les larçins, les adulteres, les ſacrileges, & autres ſemblables. Les ſeules impuretéz des Theatres ſont telles, qu'on ne peut pas meſme les accuſer honneſtement. Ainſi à celuy qui veut reprēdre l'opprobre de telles infametéz, arrive cecy de nouveau, qu'eſtant, ſans doubte, celuy qui les veut accuſer, honneſte ; il ne peut cepēdāt en parler & les chaſtier, ſon honneſteté ſauve. Davantage, tous les autres maux ſoüillent ceux qui les font, non ceux qui les voyent, ou les oyent. Car, ſi vous oyéz un blaſphemateur, vous n'en eſtes point pollu, pource que voſtre ame n'y conſent point : Et ſi vous vous rencontréz où ſe faict un larçin, vous n'eſtes point ſoüillé par cet acte, pource que vous l'avéz en horreur en

voſtre

voſtre eſprit. Les ſeules impuretéz des ſpectacles ſont celles qui rendent egalement coulpables, ceux qui les font, & ceux qui les regardent. Car quand les ſpectateurs les approuvent & les voyent volontiers, ils font eux meſmes ces choſes, par leur venë & conſentement, tellemēt que ces mots de l'Apoſtre les regardent particulie-rement, a *que non ſeulement ceux qui les commettent, ſont dignes de mort, mais auſſi ceux qui favoriſent à ceux qui les commet-tent.* Parquoy en ces images de ſales amours & paillardiſes, tous les aſſi-ſtans paillardent en leur ame. Et ceux, qui, peut eſtre, eſtoient venus purs à ces ſpectacles, s'en retournent adul-teres du Theatre. Car ils ne paillar-dent pas ſeulement quand ils retour-nent, mais auſſi quand ils viennent, d'autant qu'en cela meſme que quel-qu'un deſire une choſe vilaine, il ſe trouve immonde, courant aprés l'im-mondicité.

E 3   Les

a. *Rom.* 1. 32.

Des choses estant ainsi, voila ce que font ou tous, ou la pluspart des * Romains. Et cependant, nous qui faisons telles choses, nous plaignons que Dieu ne tient compte de nous; & que nostre Seigneur nous abandonne, combien que ce soyons nous, qui abandonnons nostre Seigneur. Feignons que Dieu nous veut regarder favorablement, quoy ne nous ne le meritions pas, voyons s'il le peut. Voicy un nombre tres-grand de Chrestiens, lesquels à milliers se trouvent és spectacles. Dieu peut-il donc regarder de bon œil ceux qui sont tels? Peut-il regarder vers ceux qui font les insensés és cirques à la façon des bacchantes, & qui prennent plaisir de veoir imiter les sales amours és theatres? Voudrions-nous paradvanture, & estimerions-nous digne,

---

* *Par les Romains, il entend par tout les subjects de l'Empire Romain, pour les discerner des Gots & Vandales qui les ravageoient.*

digne , que Dieu nous voyant dans
les Cirques & Theatres, regardé auſſi
avec nous avec plaiſir, ce que nous
regardons, & qu'il voye volontiers
avec nous, les infametéz que nous
voyons? Car il faut que l'un ou l'autre ſoit, pource que s'il daigne nous
veoir, il s'enſuit auſſi qu'il veoid, ce
qui ſe faict, là où nous ſommes ; Ou
s'il en deſtourne ſes yeux, (comme
il faict ſans doubte) il les detourne
auſſi de nous , qui nous trouvons en
ces lieux. Et combien qu'ainſi ſoit,
nous faiſons toutesfois ces choſes,
que j'ay dites , & ſans ceſſer. Eſt-ce
que peut-eſtre comme les Anciens
Payens , nous croyons que nous
avons un Dieu des cirques & des
Theatres ? Car ils faiſoient jadis
telles choſes, pource qu'ils eſtimoiẽt,
que c'eſtoient les delices de leurs
idoles. Nous, qui ſommes certains
que Dieu hait ces choſes , comment
les faiſons nous? Ou certes, ſi nous
ſçavons que ces turpitudes plaiſent

E 4.   à Dieu,

à Dieu, je n'empesche pas que nous
les facions sans cesse. Mais si nostre
côscience nous tesmoigne, qui Dieu
les a en horreur & en execration, que
si comme en icelles le Diable trouvé
ses delices & s'en paist ; Dieu en est
offencé ; Comment disons-nous que
nous servons Dieu en son Eglise, qui
en l'ordure de tels jeux servons con-
tinuellemêt au Diable, & cela le sçachans & le voulans, & de plein gré ?
Et quelle esperance, je vous prie,
nous restera envers Dieu, qui ne l'of-
fençons point par ignorance & sans
y penser ; mais à l'exemple de ces
gents de jadis, desquels nous lisons
que par des efforts insenséz ils ont
voulu monter és nuées, & prendre
le ciel par escalade ? Ainsi nous,
par les injures que nous luy faisons en tout le monde, faisons la
guerre au ciel, comme par un con-
sentement public. Donques à Christ,
(ô rage monstrueuse !) à Christ
di-je nous offrons les jeux du cirque
& des

& des bastelrurs ; & cela principa-
ment quand nous reçevons quelque
bien de luy , quand il nous faiét sentir quelque prosperité ; quand il
nous faiét obtenir qualque victoire
contre nos ennemis. Et qu'est - ce
que nous semblons faire en cela , sinon ce que feroit un homme injurieux à celuy duquel il reçevroit un
bienfaiét , ou qui diroit des outrages à celuy qui luy rendroit tous of-
fices d'amitié ; ce qui donneroit un
coup de poignard à celuy qui le bai-
seroit ? Je demanderay volontiers,
à tous les puissans & riches de ce
monde, de quel crime seroit coulpable ce serviteur , qui machineroit du
mal contre son seigneur doux & be-
nin; qui diroit des injures à celuy qui
auroit bien merité de luy ; & pour
la liberté qu'il en auroit reçeuë , luy
rendroit dū deshonneur , & le diffa-
meroit ? Sans doubte , celuy-là est
tenu coulpable d'un grand crime ,
quis rend le mal pour le bien ;

puis qu'il n'eſt pas meſme permis de
ne rendre le bien pour le mal. Cela
toutesfois faiſons nous, qui nous
diſons Chreſtiens. Nous irritons
contre nous le Dieu miſericordieux,
par nos impuretéz; nous deſhono-
rons par nos ordures, celuy qui a
faiᵈ la propiciatió pour nos pechéz;
Nous frappons par nos outrages,
celuy qui nous traicté ſi doucement.
A Chriſt doncques, (ô fureur mon-
ſtrueuſe!) A Chriſt, di-je, nous offrons les cirques & les baſteleurs;
nous offrons à Chriſt pour ſes be-
nefices, les ordures des Theatres;
nous luy ſacrifions les hoſties de nos
ſales paſſe-temps. N'eſt-ce pas ce
que noſtre Sauveur, nay pour nous
en chair, nous a enſeigné? Pour cela
a-il voulu ſubir, la baſſeſſe de la naiſ-
ſance humaine; & s'aſſubjettir aux
commencemens d'une origine ter-
rienne laquelle ne ſe faiᵈ pas ſans
honte; C'eſt pour cela qu'a voulu
eſtre couché en une creche, celuy
auquel

auquel les Anges servoient quand il
y estoit gisant ; C'est pour cela qu'a
voulu estre emmailloté de drapeaux,
celuy qui gouvernoit les cieux en
son maillot. C'est pour cela, que
celuy duquel le monde a eu peur
lors qu'il estoit attaché à la croix, a
voulu estre pendu au bois. Celuy,
dit l'Apostre, a *qui s'est rendu pauvre*
pour vous, combien qu'il fust riche. afin que
par sa pauvreté vous fussiéz rendus riches.
b *Lequel estant en forme de Dieu, s'est*
aneanti soy-mesme, ayant pris forme de ser-
viteur, & a esté obeïssant jusqu'à la mort,
voire la mort de la croix. Est-ce ainsi
que Christ nous a instruicts, quand il
a enduré pour nous telles choses ?
Nous rendons une belle recompense
à sa passion, quand aprés la redem-
ption que nous avons receuë par sa
mort, nous le payons d'une vie tres-
vilaine ? Car, dit le bien-heureux
Paul, c *La grace de Dieu salutaire à*

E 6   tous

a 2. Cor. 8. vers. 9.   b Philip: 2.
vers. 6. & 8.   c Tit. 2. vers. 11.
12. 13. 14.

tous hommes est apparuë, nous enseignant, que renonçans à toute impieté & aux mondaines convoitises, nous vivions, sobrement, religieusement & justement, en ce present siecle : attendans la bien-heureuse esperance, & l'advenement de la gloire du grand Dieu, & nostre Sauveur Iesus Christ; qui s'est donné soy-mesme pour nous, pour nous rachepter de toute iniquité, & nous nettoyer, pour luy estre un peuple agreable, sectateur de bonnes œuvres. Où sont ceux qui font ces choses, pour lesquelles l'Apostre dit que Christ est venu ? Où sont ceux qui fuyent les desirs mondains ? Où sont ceux qui menent une vie juste & religieuse ? Où sont ceux qui par bonnes œuvres monstrent leur bien-heureuse esperance ? Qui menans une vie sans tache, par cela mesme prouvent qu'ils attendent le Royaume qu'il leur sera donné d'obtenir ? Jesus Christ, dit-il, est venu, pour se nettoyer un peuple agreable, sectateur des bonnes œuvres.

œuvres. Où est ce peuple net?
Où ce peuple agreable & pecu-
lier? Où ce peuple de bonnes œuvres? Où est ce peuple de saincteté?
Christ a souffert pour nous, nous
laissant un exemple afin que nous en-
suivions ses traces. Voire, nous sui-
vons ses traces és cirques: nous sui-
vons les traces du Sauveur és Theatres? sans doubte que celuy là nous
a laissé cet exemple, que nous lisons
avoir pleuré, mais que nous ne lisons
point avoir ri; & l'un & l'autre pour
nous, car les pleurs sót la có ponction
du cœur; le ris est la corruption de la
discipline. Malheur a vous qui riéz,
pource que vous pleurerez : Vous
estes bien-heureux vous qui pleuréz,
pource que vous riréz. A nous né
suffit pas de rire & nous esiouïr: si
nous ne nous resiouïssons avec peché
& folie. Si nostre ris n'est meslé d'impuretéz & de forfaicts. Quel est, je.
vous prie cet erreur? quelle manie? Ne.
pouvós nous pas nous resiouïr & rire,
si nous

ſi nous ne faiſons que nos joyes &
ris ſoient autant de crimes ? Penſons
nous qu'une joye ſimple ſoit infruc-
tueuſe, pour ne nous plaire à rire,
ſinon en offençant Dieu ? Rions je
vous prie, quoy que ſans meſure:
esjoüiſſons nous quoy que continuellement, pourveu que ce ſoit inno-
cemment : Quelle ſtupidité & rage
eſt cecy, que nous ne penſions point,
qu'il y ait du plaiſir à rire, ſi ne n'eſt
en faiſant injure à Dieu ? Injure di-
je, & tres-grande. Car en ces ſpectacles y a quelque apoſtaſie de la foy,
& une prevarication nouvelle contre
les ſymboles & celeſtes ſacremens
d'iceluy. Car, quelle eſt la premiere
confeſſion ſalutaire au bapteſme des
Chreſtiens ? ſinon qu'ils proteſtent
qu'ils renonçent au Diable, à ſes pompes,
& œuvres? Donques les ſpectacles &
pompes, ſelon noſtre profeſſion, ſont
œuvres du Diable. Comment eſt-ce
donc, ô Chreſtien, qu'aprés le bapteſme tu cours aprés les ſpectacles,
que

que tu confeſſes eſtre œuvres du
Diable ? Tu as renoncé une-fois au
Diable & à ſes ſpectacles. Donques
quand tu retournes aux ſpectacles,
il eſt neceſſaire que tu recognoiſſes,
que le ſçachant & le voulant, tu retournes au Diable. Car tu as renoncé à l'un & à l'autre, & n'en as faict
qu'un de tous les deux ; ſi tu retournes à l'un ; tu es retourné à tous les
deux. Car, * dis tu, *Ie renonce au
Diable, à ſes pompes, à ſes ſpectacles,
& à ſes œuvres ;* Et quoy aprés ? *Ie
croy,* dis tu, *en Dieu le Pere tout
puiſſant, & en Ieſus Chriſt ſon filz.*
Donc premierement on renonce au
Diable, pour croire en Dieu, pource
que quiconque ne renonce point au
Diable, ne croit point en Dieu :
parquoy qui retourne au Diable,
abandonne Dieu. Or le Diable eſt

en

* *Ce ſont les mots qu'on faiſoit dire à ceux
qui eſtoient baptiſez eſtans en aage de
diſcretion : & que les parens & par-
rains diſoient au nom des petis enfans,
pour leur faire ratifier en temps.*

en ses spectacles & pompes, & par
ainsi, quand nous retournons aux
spectacles, nous laissons la foy de
Christ. Parquoy en cette maniere
tous les sacremens du symbole sont
violés, & tout ce qui suit au symbole est esbranlé & ruiné. Car, si lo
principal ne demeure, rien de ce qui
suit ne peut subsister. Di moy donques, ô Chrestien, cõment penses tu
retenir les consequences du symbole,
si tu en as perdu les principales? Les
membres ne valent riẽ sans leur chef,
& toutes choses regardent à leurs
commencemens, lesquels estant
perdus, tout le reste s'en va à neant.
Car l'origine estant ostée ou les
autres choses ne sont point; ou, si
elles sont, elles sont sans proffit,
parce que rien ne peut subsister sans
teste. Si donques quelqu'un estime
que le peché des spectacles soit
petit; Qu'il regarde à tout ce que
nous avons dit, & qu'il voye qu'és
spectacles n'est pas la volupté, mais

la

la mort. Or qu'eſt-ce autre choſe
qu'encourir la mort, quand on perd
l'origine de la vie? Car où le fonde-
ment du ſymbole eſt renverſé, on
coupe la gorge à la vie meſme. Derechef donq il eſt neceſſaire que nous
retournions à ce que nous avons dit:
Qu'y a-il de tel entre les barbares? où
ſont chéz eux les jeux du cirque? Où
les theatres? ou les forfaicts de diverſes impuretéz? C'eſt la ruine de noſtre
eſperance & ſalut. Car ſi ceux-là en
uſoiēt cóme Payens, leur peché eſtoit
moindre, ne violant pas les ſacremens, Et ainſi ils erroient moins
dangereuſement, quoy qu'il y euſt
de l'impureté en leur veuë, il n'y
avoit point d'offence contre la Religion. Mais nous, que pouvons nous
reſpondre pour nous? Nous ſçavons
le ſymbole, & nous le renverſons:
nous confeſſons & abjurons tout en-
ſemble le don de ſalut. Où eſt donc
noſtre Chreſtienté, qui ſemblons
avoir reçeu le ſacrement de ſalut,
qu'afin

qu'afin que noſtre prevarition ſoit plus grande, & noſtre peché plus enorme. Nous preferons les jeux au ſervice de Dieu ; Nous meſpriſons la table du Seigneur, & nous faiſons honneur aux Theatres : En fin, nous aimons tout, nous honorons tout. Le ſeul Dieu eſt tenu pour vil entre nous, en comparaiſon de toutes autres choſes. Finalement, outre les autres arguments qui prouvent cela, ce que je diray le teſmoigne encore davantage. Si quelque ſolemnité Eccleſiaſtique & les jeux publics ſe rencontrent en meſme temps, comme ſouvent il advient, je demande à la conſcience de tous, lequel lieu ſera plus rempli de Chreſtiens, où il ſe trouvera plus grand nombre de Chreſtiens, és places des jeux publics, ou és parvis de Dieu ; & ſi tous prefereront le Temple au theatre ; feront plus d'eſtat des paroles des Evangiles que de celles des baſteleurs, des paroles de vie, que des paroles de

de mort , des paroles de Christ ,
que de celles d'un farçeur ? Il n'y a
point de doubte que nous n'aimions
davantage , ce que nous preferons.
Car tous les jours que ces jeux mal-
encontreux se celebrent , s'il y a
quelque solemnité Ecclesiastique ,
non seulement ceux qui se disent
Chrestiens, ne viennent point à l'E-
glise, mais si quelques-uns , qui ne
l'ont pas sçeu, y viennent , & qu'ils
entendent qu'on faict des jeux , ils
laissent l'Eglise, pour y accourir.
Nous mesprisons le Temple de Dieu,
pour courrir au Theatre. l'Eglise est
vuide; le lieu Comique rempli. Nous
laissons Christ, pour adulterer par
un regard impur ; & puis repaistre
nos yeux , par la fornication des
jeux mal-honnestes. Mais peut-estre
dans corrompus par la prosperité , nous sommes plus sages en
l'adversité. Rien de tout cela. C'est
pourquoy ces paroles du Seigneur
s'adressent tres à propos à nous :

A cause

ā *A cause de vos ordures vous estes entierement exterminéz.* Et derechef, b *les
autels de vos ris seront exterminéz.* c Mais,
peut-estre pourra-on respondre, que
cela ne se faict pas en toutes les villes
des Romains. Il est vray, & j'adjouste encore quelque chose d'avan-
tage ; que cela ne se faict plus, ou
autres-fois il s'est faict ordinairement. Car cela ne se faict plus és
villes de Majence & Marseille, pource qu'elles sont destruites & ruinées.
Cela ne se faict plus à Colongne
pource qu'elle est rempli d'ennemis.
Cela se faict plus en la tres-excellente
ville de Treves, mais c'est pource
qu'elle a esté par quatre-fois renver-
sée. Finalement, cela ne se faict plus
en plusieurs villes de France & d'Hes-
pagne ;

a *Mich. 2. vers. 10.*   b *Amos 7. vers. 9.*
c *Ces deux passages sont alleguéz par l'auteur selon la version des LXX interpretes, sur laquelle estoit traduite la latine
commune: tellement qu'au temps de Salvian, celle de Hierosme n'estoit point
encore receuë en France.*

pagne ; & partant, mal-heur à nous, & à nos impuretez. Quelle esperan-ce reste devant Dieu aux peuples Chrestiens? puis que és villes Ro-maines ces maux ne sont plus, aprés qu'elles ont esté reduites en la puis-sance des barbares ? Dont appert, que les vices & les impuretés sont comme une proprieté des hommes Romains, & comme leur inclina-tion naturelle, pource que là sont principalement les vices, où sont Romains. Mais peut-estre que cet amas que je fay se trouvera pesant & inique. Je l'advouë certes, s'il est faux. Comment, me diréz vous, ne seroit-il faux, puis que les choses que nous avons dites se trouvent presque à present en peu de villes Romaines: & qu'il y en a plusieurs lesquelles maintenant ne sont point polluës des taches de telle impureté, & où combien qu'on voye encore les lieux & domiciles de l'ancien erreur, toutesfois ces jeux ne s'y font plus,

qu'on

qu'on y faiſoit auparavant. Il faut
donc conſiderer l'un & l'autre, c'eſt
à dire, d'où vient qu'encore les lieux
& les logemens de ces jeux demeu-
rent, les jeux y ont toutesfois ceſſé.
Car là ſe voyent encore les lieux &
habitacles de telles turpitudes, pource qu'auparavant toutes impuretéz y
ont eſté commiſes : Mais ces jeux ne
s'y font plus maintenant, pource que
la miſere du temps & la pauvreté en
oſte le moyen. Parquoy, ce qui y a
eſté faict auparavant eſtoit du vice: ce
qu'on ne l'y faict point à preſent,
vient de la neceſſité. Car la calamité
du fiſc, & la mendicité des finances
Romaines, ne permet point, que par
tout on face une prodigue deſpenſe
en choſes de neant, combien doncques qu'encore beaucoup de biens ſe
perdent en cela, & ſoient comme
jettez en la bouë ; Il ne s'en peut
toutesfois perdre tant, pource qu'il
n'y a plus tant de biens à perdre. Car
ſi on regarde au deſir de noſtre con-
voiti-

voitife & de nos impures voluptéz; nous voudrions certes avoir plus, ne fuſt ce que pour l'employer à cela, & pouvoir en convertir beaucoup en la bouë de ceſte turpitude. Et la choſe monſtre, combien nous en voudrions prodiguer, ſi nous eſtions bien riches & abondans; veu que tous mendians que nous ſommes, nons en prodiguons tant. Car telle eſt la contagion des mœurs de ce temps, & la perdition; qu'aprés que la pauvreté n'a plus dequoy perdre; la convoitiſe vicieuſe, voudroit encore avoir dequoy en perdre davantage. Il n'y a donc pas dequoy nous pouvoir flater en cela en quelque ſorte, & dire qu'à preſent en toutes villes ne ſe faiſt pas ce qui s'y eſt faiſt jadis. Car pour cela ne ſe fait-il pas à preſent en toutes, pource que les villes où il ſe faiſoit, ne ſont plus maintenant, pource qu'on y a faiſt long temps, ce qui a eſté cauſe, qu'on ne le peut plus faire, où il ſe faiſoit:

comme

comme Dieu luy mesme en a parlé
aux Pecheurs par son Prophete :
a *L'Eternel ne l'a peu porter davantage,
à cause de la malice de vos actes, & à
cause des abominations que vous avéz,
commises : dont vostre pays a esté reduit
en desert, & en estonnement, & en male-
diction*. De là donques est arrivé que
la plus grand part de l'Empire Romain, est en estonnement & en male-
diction. Et pleust à Dieu que ces
choses eussent seulement esté faictes
cy devant, & qu'en fin la desbauche
Romaine cessast de les faire ! peut-
estre, côme il est escrit, b *Dieu seroit
propice à nos pechéz*. Mais nous ne nous
côportós pas, pour le rédre propice.
Nous adjoustons continuellement &
sans cesse maux sur maux, & accu-
mulons pechéz sur pechéz ; & apré
que la plus grande partie de nous est
perie, nous faisons encore ce qu'il
faut faire pour perir tous. Qui est-ce
je vous prie qui veoid tuer quelqu'un
pré

a *Ierem*. 44. *v*. 21. 22.   b *Psal*. 102.

prés de foy, qui ne craigne point ? Qui eſt-ce qui veoid bruſler la maiſon de ſon voiſin, & ne travaille point pour garentir la ſienne ? Nous n'avons pas veu ſeulement ardre nos voiſins; mais nous meſmes ſommes embraſez en la plus grande partie de nos corps. Et quel mal eſt cecy (ô meſchanceté !) Nous avons eſté bruſléz; & toutesfois nous ne ſentons point les flammes dans leſquelles nous ardons. Car, comme j'ay desja dit, ſi on ne faict pas à preſent par tout, ce qui a eſté faict autresfois, c'eſt un benefice de la miſere, non de la diſcipline & de l'amendement. Ce que je prouveray facilement. Car, ramenéz moy l'eſtat du temps paſſé, & incontinent vous verréz recommencer par tout ce qui a ceſſé. J'adjouſte plus, que ſi nous regardons aux deſirs des hommes, combien que cela ne ſoit plus par tout en effect, il y eſt pourtant juſques à ce point, que le peuple Ro-

F

main

main voudroit qu'il fuſt par tout.
Car quand l'homme s'abſtient de mal
faire par la ſeule neceſſité, la ſeule
convoitiſe d'un acte infame eſt con-
damnée pour l'action. Car, comme
j'ay dit, ſelon la parole de noſtre
Seigneur, celuy qui a regardé une
femme pour la convoiter, eſt coulpable d'adultere cõmis en ſon cœur,
d'où nous pouvons inferer, que ſi la
ſeule neceſſité nous empeche de
commettre les choſes blaſmables &
damnables, nous ne laiſſerons d'eſtre
condamnéz pour les avoir convoi-
tées & deſirées, car la volonté ſera
tenuë pour le faict. Et que di-je de
la volonté ? Ne faict on pas cela
par tout, où on le peut ? Prennéz
moy les habitans de quelque ville
que ce ſoit, s'il viennent à Ravenne
ou à Rome, ils font partie du peuple Romain dans les cirques; ils font
partie du peuple de Ravenne dans le
Theatre. Que perſonne donques
ne ſe tienne excuſé pour le lieu, où
pour

pour son absence. Tous sont un en l'infameté des choses, en la volonté desquelles ils se trouvent associéz. Et toutesfois nous nous flattons encore de la bonté de nos mœurs, & de la rareté de nos desbauches! Je diray bien davantage que non seulement cette tache de ces jeux infames, qui ont esté faicts jadis, dure encore à present : mais qu'il se font plus criminellement beaucoup, qu'ils ne se faisoient cy devant. Car alors, les membres de la Republiqne Romaine estoient en leur lustre & en leur entier. Les richesses faisoient que les greniers publics se trouvoient trop estroicts. Les citoyens de toutes les villes estoient remplis de richesses & delices. L'autorité de la Religion, en une si grande affluence de biens, à peine pourroit contenir les mœurs en une juste mesure. Il est vray que lors en plusieurs lieux on nourrissoit les acteurs de ces deshonnestes voluptez : mais tout estoit rempli &

F 2   gorgé

gorgé de biens. Personne ne regardoit aux defpenfes que faifoit la Republique, pource qu'on n'en fentoit
point la diminution. La Republique
cerchoit en quelq; façon les moyens
de perdre, ce qu'à peine lors euft elle
peu referver. C'eft pourquoy le comble des richelfes, qui avoit prefque
alors paffé toute mefure, regorgeoit
auffi en chofes de neant. Mais à prefent que peut-on dire? Les richelfes
du temps paffé s'en font allées. Nous
fommes à prefent miferables, & ne
ceffons pas d'eftre badins. Et combien, que la pauvreté furvenante, ait
de couftume d'aider aux pupilles qui
ont efté prodigues & defpenfiers, qui
ceffent d'eftre vicieux, quand ils ont
defifté d'eftre riches, Nous feuls fommes un genre de pupilles & de perdus, efquels l'opulēce a ceffé d'eftre,
mais la mefchanceté demeure. D'où
vient qu'à la façon des autres hommes nous n'avons pas les caufes de
noftre corruption, dans les attraicts
& alle-

& allechemens qu'aportent les biens de ce siecle ; mais nous les avons es cœurs : & nostre entendement est nostre desbauche , tellement que ce que nous pechons & ne nous amendons point , ne vient que de nostre inclination au mal , non de ce que nos biens ne nous ont pas esté ostéz.

Or quoy que jusques icy j'aye asséz discouru, combien il y a de vices entre les Romains, desquels les nations barbares ne sont point soüillées , j'en adjousteray encore beaucoup qui defaillent ; mais devant que le dire je donneray cet advertissement , qu'il n'y a aucune espece de peché qui concerne le deshonneur de Dieu, que persóne doibve estimer leger. Car s'il n'est permis à aucun de deshonorer un homme illustre & puissant; & si celuy qui le deshonore est tiré en cause,& condamné par les loix comme auteur d'injures : Combien se rend coulpable d'un plus grand crime , celuy qui est injurieux à Dieu ?

Car

Car tousiours la faute de celuy qui la commet, croist par la dignité de celuy qui souffre l'injure : pource qu'il est necessaire, que tant plus qu'est grande la personne de celuy qui est outragé, tant plus grande soit la faute de celuy qui le faict. Et delà est venu, que nous lisons en la loy, que ceux mesmes qui semblent avoir faict quelque faute legere contre le commandement sacré, ont esté toutesfois punis tres-severement. Afin que nous entendissions, que rien de ce qui appartient à Dieu, ne doibt estre tenu pour leger : pource que ce qui sembloit estre petit en la faute, estoit reudu grand par l'injure de la divinité.

Finalement, que fit cet Oza levite de Dieu contre le commandement cœleste, en ce qu'il tascha d'appuyer l'arche qui tomboit? Car il n'y avoit rien de commandé touchant cela, par la loy ; & cependant si tost qu'il la voulut soustenir, il tomba mort.

Non

Non, comme il sembleroit en apparence, qu'il avoit commis quelque chose par un esprit opiniastre, ou pour le moins contre le debvoir ; mais au mesme devoir qu'il rendoit, il manqua à son debvoir, pource qu'il presuma de faire ce qui ne luy estoit pas commandé. Un homme du peuple d'Israël, pour avoir amassé du bois au Sabbath, fut mis à mort, & ce, par le commandement & jugement de Dieu, juge tres-equitable, & tres-misericordieux, & qui, sans doubte, eust mieux aimé pardonner que faire mourir, si la raison de la severité, n'eust prevalu sur la raison de misericorde. Car un qui avoit esté plus imprudent, perit, afin que plusieurs autres ne perissent puis aprés par imprudence. Et que diray-je de tous & chacun telz jugements ? Toute la nation des Ebrieux cheminant par le desert, pour avoir desiré de la chair accoustumée, perdit une partie de son peu-

ple.

ple. Et cependant il n'avoit point encor esté defendu d'en desirer: Mais, comme je pense, Dieu voulut aider par là, à l'observation de la loy, pour reprimer la convoitise rebelle, afin que tout le peuple cognust plus facilement, combien il devoit éviter de choses, que Dieu avoit interdites par ses escrits celestes, puis qu'il estoit mesme offensé, quand on commettoit celles, qui n'avoient point encor esté defenduës par la loy. Ce mesme peuple gemissoit pour le travail qu'il soustenoit, & pour cela il fut battu de playes du ciel; non qu'il ne soit licite de gemir à celuy qui est travaillé, mais le gemissement contre Dieu estoit ingrat; comme accusant Dieu de les travailler immodereement. D'où on peut entendre combien doibt plaire à Dieu, celuy qui jouït du bon-heur des choses agreables, puis qu'il n'est pas mesme licite de se plaindre de celles qui sont desagreables. On demandera m'andera peut-eſtre, à quel propos tout cela ? Il tend à cecy qu'on n'eſtime rien leger en quoy Dieu ſera offenſé. Car nous parlons des jeux publics, qui ſont les moqueries de noſtre eſperance ; les riſées de noſtre foy. Car quand nous joüons és Theatres & cirques nous periſſons, ſelon le dire du Sage, a *C'eſt comme un jeu au fol de faire quelque meſchanceté.* Parquoy, quand nous rions entre les choſes deſhonneſtes & deſhonorables nous commettons des pechéz, qui ne ſont pas petis, mais d'autant plus dignes de punition, pource que quand ils ſemblent en apparence eſtre petis, ils ſont tres-peſtilents par les choſes pernicieuſes qui en reſultent. Car comme ainſi ſoit que l'homme commette deux grands maux, ou en ſe tuant ſoy-meſme, ou en offenſant Dieu, il faict l'un & l'autre en ces jeux publics.

Et peu aprés. Combien que cela

F 5 ſoit

a *Prov.* 10. *verſ.* 23.

soit touſiours grandement grief, il eſt toutesfois beaucoup plus inſuppor-table, quand outre l'uſage ordinaire de la vie, les adverſitéz, ou les proſperitéz le rendent plus criminel. D'autant qu'en l'adverſité il faut eſtre plus ententifs à appaiſer Dieu; & en la proſperité, regarder à ne le point offenſer. Car il le faut appaiſer quand il eſt en colere, & ne le faut pas offenſer quand il nous eſt favorable. Les adverſitéz nous vien-nent de ſon ire, les proſperitéz, de ſa grace. Or nous faiſons tout le contraire. Tu me demandes com-ment? Eſcoute. Premierement ſi Dieu nous exauce par ſa miſericor-de, (car nous ne vivons jamais ſi bien, que nous meritions d'eſtre ex-aucéz,) Mais ſi quelques-fois, com-me j'ay dit, s'appaiſant ſoy-meſme, il nous donne des jours paiſibles, des revenus abondans, une tranquilité riche en tous biens, & une abondance croiſſante par deſſus nos deſirs ; nous

ſom-

sommes corrompus par une si grande prosperité des biens qui nous viennent, & sommes tellement empiréz par une grande insolence de nos mœurs, que nous oublions du tout Dieu & nous mesmes. Et combien que l'Apostre die, que tout le fruict de la paix que Dieu donne, consiste en ceci, a *que nous puissions mener une vie paisible & tranquile, en toute pieté, & honnesteté:* nous nous servons du repos que Dieu nous donne, pour l'employer seulement en yvrognerie, en luxure, en meschancetéz, en rapines, & vivons en toutes sortes de desbauches, comme si Dieu nous donnoit quelques trefves de repos, pour pecher avec plus de licence & hardiesse. Qui pourra croire ceci? nous changeons par nos iniquitéz la nature des choses: & ce que Dieu a faict bon par le don de sa misericorde, nous le faisons estre mauvais, par la perversité de nos mœurs.

Ainsi

a 1. *Tim.* 2. *vers.* 2.

Ainſi parloit Salvian à ceux de ſon temps. Il ne faut que changer le nom, & nous trouverons qu'il parle à ceux de noſtre temps : & nous advertiſt ſagement, a *que nous nous ſauvions de cette generation perverſe*. Croyons ſon conſeil, qui eſt celuy de l'Apoſtre, & nous humilions ſous la main puiſſante de Dieu, prevenans ſes jugemens par repentance. Dieu nous en face la grace.

a *Act. 2. verſ.* 40.

F I N.

Corrigéz ainſi les fautes qui alterent le ſens.

Pag. 18. lig. 4. au lieu de *tant*, liſéz *tout*. p. 45. l. 17. liſ. *s'emancipe*. p. 75, l. 9. au lieu de *croyent*, liſéz *errent*. p. 89. l. 3. *& en ce*, liſéz *Terence*. p. 89. l. 3 *radotteurs*. & l. 5. *force*. p. 104. l. 16. liſéz *geants*. p. 105. l. 5. *quelque*. p. 114. l. 1. *prevarication*. p. 117. l. — S'il y en a quelques autres legeres, comme quelque inverſion ou changement de lettres, elles n'arreſteront pas le Lecteur judicieux.